二十一世纪出版社集团
21st Century Publishing Group

谨以此书献给钟扬老师和他的爱人张晓艳老师

感谢新华社和复旦大学对本书给予的支持和帮助

种子天堂

陈聪◎著

"时代楷模"植物学家
钟扬的故事

二十一世纪出版社集团
21st Century Publishing Group

图书在版编目（CIP）数据

种子天堂 / 陈聪著. -- 南昌 : 二十一世纪出版社集团, 2019.6（2019.7重印）
（科学追梦人系列）
ISBN 978-7-5568-4039-7

Ⅰ.①种… Ⅱ.①陈… Ⅲ.①钟扬－传记 Ⅳ.①K826.15

中国版本图书馆CIP数据核字(2019)第095632号

科学追梦人系列：种子天堂　　陈聪 / 著

策　　划	杨　华
责任编辑	杨　华
特约编辑	梅　竹　张富华
装帧设计	赵　倩
内文插图	韩　冰
出版发行	二十一世纪出版社集团（江西省南昌市子安路75号　330025） www.21cccc.com　cc21@163.net
出 版 人	刘凯军
经　　销	全国各地书店
印　　刷	南昌市红星印刷有限公司
版　　次	2019年6月第1版　2019年7月第2次印刷
印　　数	15001–20000
开　　本	889mm × 1360mm　1/32
印　　张	5.75
字　　数	72千字
书　　号	ISBN 978-7-5568-4039-7
定　　价	28.00元

赣版权登字—04—2019—347

播种未来

钟扬

我曾经有过许多梦想，那些梦想都在遥远的地方。

我独自远航，为了那些梦想。

我坚信，一个基因可以为一个国家带来希望，一粒种子可以造福万千苍生。

初到这片土地，只为盘点世界屋脊的生物家底，寻找生物进化的轨迹。在漫长的科考道路上，我慢慢地意识到，这片神奇的土地需要的不仅仅是一位生物学家，更需要一位教育工作者。将科学研究的种子播撒在藏族学生的心中，也许会对未来产生更为深远的影响。

生物多样性的排名，西藏在全国一直是前三，西藏还有很多没有被探索的地方。高原植物学人才的培养，不仅仅在课堂，也在雪山脚下、荆棘丛中。这一路总是充满艰辛，而我的学生——未来的植物学家，必须学会克服困难，迎接挑战。

采样是很辛苦的。为了采样，我们每年至少走三万公里。

采种子的路上经常会发生各种各样的状况。高原反应，差不多有十七种，在过去的十三年间，每一次我都有那么一两种。我们也不能因为高原反应就怕了是吧！科学研究本身就是对人类的挑战。

海拔越高的地方，植物的生长越艰难；但是越艰难的地方，植物的生命力越顽强。我希望我的学生，就如这生长在世界屋脊的植物一样，坚持梦想，无畏艰险。我相信，终有一天，梦想之花会在他们的脚下开放。

这里有一片难得的香柏林，这种生活在海拔四千米以上的植物很有用处。复旦大学药学院的科研人员从这种香柏中提取出抗癌成分，并得到国际权威认证。

梦想，无论多么遥远，总驻守在我们心底。创新的心永远无法平静。只要心在不断飞翔，路就不断向前延伸。

我这十三年在西藏干了三件事：为国家和上海的种子库收集了上千种植物的四千万颗种子，它们可以储存上百年；培养了一批藏族科研人才，我培养的第一个藏族植物学博士，已经成为教授；为西藏大学申请到第一个生态学博士点和第一个国家自然科学基金项目。我希望打造一种高端人才培养的援藏新模式。

任何生命都有其结束的一天，但我毫不畏惧，因为我的学生会将科学探索之路延续，而我们采集的种子，也许会在几百年后的某一天生根、发芽，到那时，不知会完成多少人的梦想！

不是杰出者才做梦，而是善梦者才杰出。我是钟扬，一名工作在青藏高原的生物学家，一名来自上海的援藏教师。

本文是钟扬为微视频《播种未来》的文字写的配音稿，微视频由中共上海市教育卫生工作委员会、上海市教育委员会出品，于2013年播发。

目录

第一章　一颗种子初长成………………………… 001
1 从故事大王到“段子手” ……………………002
2 从“尖子班”到“少年班” …………………007
3 “练习一万小时”定律 ………………………012
4 心中有大我 ……………………………………020

第二章　种子深入祖国大地…………………… 031
1 弃官从师………………………………………032
2 归零重启………………………………………037
3 学术“清流” …………………………………045
4 侠之大者………………………………………052
5 “死面饼子”最好吃 …………………………057

第三章　高原上的种子天堂…………………… 061
1 西藏高原上的“藏宝库” ……………………062
2 寻找生死线上的高山雪莲……………………066
3 以学生的名字命名的植物学界小白鼠…072
4 凌晨3点的闹钟 ………………………………083
5 戒不掉的西藏…………………………………090

第四章 “我是一颗蒲公英的种子” ………… 101
1 毫无征兆的清晨 ……………………………102
2 “生命换来的钱，用在爸爸的事业上” …104
3 改变命运的一颗种子……………………111
4 边珍的秘密…………………………………116
5 “种子事业”必将生生不息 ……………121

第五章 播撒希望的种子 ………………………… 125
1 钟式魔力 ……………………………………126
2 “有困难找钟老师” ………………………133
3 “偏执狂”有一颗纯粹的心 ……………141
4 再也无法兑现的诺言 ……………………146

钟伯伯讲科普故事……………………………… 155

1 第一章 一颗种子初长成

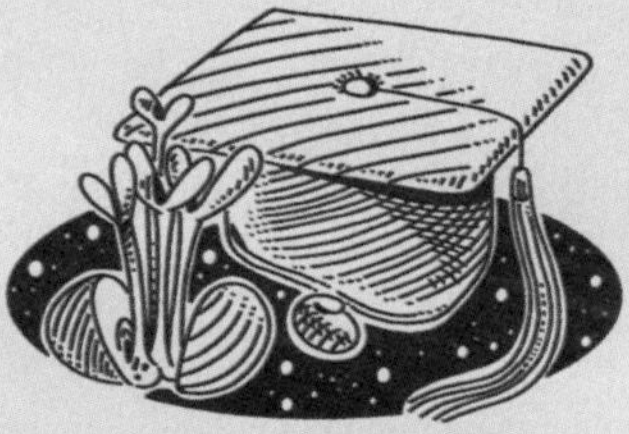

01

从故事大王到“段子手”

钟扬喜欢当老师，多半和他幼时的家教和严谨的家风脱不了关系。

在父亲钟美鸣的记忆里，一切如在眼前。

1964年5月2日，黄冈地区黄州镇，早上8点45分，钟扬出生了。黄冈傍长江而立，长江是祖国母亲河，所以给孩子取长江别名“扬子江”之“扬”，定名“钟扬”。

钟扬天生求知欲强，从小就是打破砂锅问到底的主儿，于是父亲钟美鸣、母亲王彩燕因势利导，实现孩子好学求知的愿望。同是二十世纪五六十年代师范大学毕业的夫妇俩，文理兼备，分工合作，颇有职业讲究。

钟美鸣、王彩燕工作的黄冈，是活字印刷术的发明者毕昇、明代医圣李时珍、地质学泰斗李四光的故乡。夫妇俩利用上街、参观游览、回老家等机会，经常给钟扬讲这些历史名人的故事。他们从黄冈所处的荆楚文化，讲到老家湖南邵阳的湖湘精神，从抗日战争、刘邓大军挺进大别山的故事，讲到《十万个为什么》《静静的顿河》，还有沈从文、托尔斯泰……

在老家湖南新宁丰田乡，烈日炎炎下，钟美鸣卷起裤脚，拉钟扬下田除草，上山砍柴，让孩子体验稼穑艰难。夏夜蛙声呱呱，老钟捧着小钟扬的脸："你听蛙声多恳切，这是乡亲们摆脱贫困的呼唤呀！家乡田不多，也不丰，缺水歉收，何以叫丰田？恰恰反映了他们'丰田足食'的美好夙愿。孩子，你必须发愤图强，做德智体全面发展的拔尖人才，长大后把这些落后山区建设好。"

做拔尖人才、建设家乡，父亲的期望从小就印在了钟扬的心上。

钟美鸣写了几十年日记，要求儿子也每天写，并有针对性地辅导儿子写景状物、抒情评论。他同时教育孩子，写好方块字，做好方正人，何况钟氏出了钟繇、钟绍京两大书法家。

由此，钟扬每天必须练一版钢笔小楷，一大版毛笔楷书。那时碑帖很少，钟美鸣为了让钟扬练上一版完整的字帖，自己花三个月工夫，硬是把文天祥《正气歌》柳体集字找齐，制成土字帖，自己先临摹过关，再教给孩子。

钟扬渐渐地开始对书本产生兴趣。上街时，他老嚷着买

儿时的钟扬

娃娃书。有一次，看到《十万个为什么》和连环画《雷锋》，母亲王彩燕掏钱买了，钟扬则立马把刚刚从货架上拿起的最爱吃的烤饼退了，还问："妈妈，扬子乖不乖？"

书读得多，钟扬背着父母现学现卖，有模有样地跟小伙伴们讲起故事来。久而久之，他走到哪里，哪里就围成一堆。同学们争着要钟扬讲哪吒闹海，讲三打白骨精，讲三国演义，讲战国七雄，更多的是讲革命故事。

有一次，学校组织学生去黄冈农村摘棉花。摘着摘着，大家又围着钟扬要听故事了。钟扬拉不下情面，就讲起了潘冬子。只见他抑扬顿挫，手舞足蹈，时而掏出小木枪，眯着眼指向远处的"胡汉三"。"胡汉三"碰巧是一名老师。后来，这位老师一见王彩燕，不停地称赞道："你儿子真是神啦！"那时，刚刚10岁的钟扬，还在《黄冈日报》发表了《〈闪闪的红星〉观后感》。

喜欢讲故事这个特点，伴随了钟扬一生。只不过工作以后，讲故事变成了讲"段子"——每当动员大家参与一项采集工作，或者开展一项活动的时候，钟扬总是先聊一些开心的话题，讲着讲着，把大家的情绪带了进去，然后不动声色地再把正事儿悄悄引入，美其名曰“润物细无声”。大家听得正乐呵，纷纷欣然接受。

02

从"尖子班"到"少年班"

钟扬的大部分童年时光是和一本《毛主席语录》联系在一起的。

1966年5月，钟扬两周岁，轰轰烈烈的"文化大革命"开始了。钟美鸣心里着急：儿子越来越大，需要知识启蒙，可在这个知识分子被打成"臭老九"的环境里，怎么让孩子学到有用的知识？思前想后，钟美鸣想出个办法：让钟扬背《毛主席语录》。通过背诵，让孩子增长语文知识，学习怎么造句，怎么讲故事。

因此，钟美鸣就给钟扬讲起了《毛主席语录》。他每教一篇，就要钟扬复述、默写几次，每天有每天的任务，必须完成。很快，钟扬就倒背如流了。

6岁上小学，校长不相信钟扬能背出《毛主席语录》，就把他叫到办公室当面检查。结果钟扬背得一字不差，让校长刮目相看。

而当这本《毛主席语录》渐渐淡出视野时，知识的春天也随之而来。

1977年10月，中断了10年的大学入学考试重新开启。然而这一年，以高录取率闻名的黄冈中学的高考战果却让人大跌眼镜——只有4个考生考上大学。

当时在黄冈地区教育局负责招生工作的钟美鸣愁眉不展。一路吃苦读书考上华中师范学院的他立誓要恢复黄冈中学昔日的风采。

经过一番调研，钟美鸣找到症结所在：黄冈中学以前是面向全地区各县招收学生，而“十年浩劫”期间，招生范围被限定在黄冈县（今黄冈市）城关镇以内，这使得大量的优秀学生没法招进来，优质的教学资源不能发挥最大的效用。

钟美鸣随即向上级建议：迅速改变招生办法，恢复黄冈中学向全地区各县招生的老办法，将成绩最好的中学生集中起来，给予优质培养。

建议被采纳了。

1978年秋天的入学季，来自黄冈地区各个县的初中毕业尖子生，几乎都集中在黄冈中学。学校从其中选拔了23个最优秀的学生，组成一个“尖子班”，配备最好的老师重点培养。

14岁的钟扬，就是这个班中的一员。

就是在这个班里，钟扬像一块海绵一样，如饥似渴地吮吸知识的甘露。无论寒假暑假，他都找一个无人的教室，反复做各种习题，但他不是下死功夫，而是边做题边动脑筋，思路往往别出心裁。

一年之后，又有新的机会降临在“尖子班”孩子们的头上。

根据国家规定，1979年的夏季高考，高中生无论在什么年级，都可以参加。黄冈中学的领导根据湖北省和学校的实际情况，最终决定：每个高中生只能参加一次高考，如果高一学生参加了，第二年就不能再参加。很快，钟扬所在的“尖子班”的23名学生中，有21人选择参加当年高考。

可钟扬一回到家，父亲却当面给他泼了一盆冷水：“你今年不能参加考试，等明年。”一句简单的话，犹如当头一棒，把钟扬打得晕头转向。

“为什么？”钟扬实在不服气。

“不要问为什么，就是不行！”钟美鸣态度坚决。

“别人都可以，为什么我不可以？”

“别人都可以，就是你不可以。”

……

多年以后，钟美鸣说：“我的儿子在读高中一年级，我向上级提议让一年级的学生参加高考，谁都会想，这里面有什么私心呢？之所以让我负责招生，是因为我是湖南人，在黄冈这个地方没有什么亲友，有利于秉公办事。如果我让我的儿子参加高考，那怎么也说不清楚了，今后的工作还怎么干？”

可惜，当时的钟扬没能深切体会父亲一颗公而忘私的赤诚之心。他心里的气愤久久难平，好几天都不理睬父亲。

可命运就是如此，当它关上一扇门的时候，往往会为你打开一扇窗。

转机出现了。钟美鸣在一次招生会议上遇到了中国科技大学的招生老师，这位老师说，他们要在湖北继续招收中科大“少年班”的学生，不占用各个学校的正常名额。钟美鸣一听，心里的石头终于落下，一回到家，赶紧让钟扬准备“少年班”的考试。

钟扬一颗因不能参加高考而失望的心，重新燃起了熊熊火焰。他没日没夜地学，常常学到深夜一两点才睡觉。才几个月，他便将高中课程学完了，最后在武汉的考场上，一举中榜中科大“少年班”。

03

“练习一万小时”定律

1979年9月，父亲钟美鸣带着钟扬离开黄冈，奔波三天之后，来到中国科技大学所在地合肥。钟扬进入的是中科大的第三期少年班。和上一届少年班一样，这一届的学制也是5年，前两年不分专业，以学习数理化各门基础知识为主，三年级以后，再根据个人的志愿，分派到不同的院系。

1982年秋天，钟扬的综合基础课程结束，少年班的每一个学生必须选择一个专业，钟扬选择的是无线电电子学。

为什么选择这个专业？在钟扬留下的文字中，并没有对当时的这个决定做太多的回忆，但是对于学生专业选择的问题上，钟扬曾经说过这样的话：“在专业选择上，学生和家长往往过多地看重分数而忽视自身的能力。一般认为，在一个固定的群体中，拥有某种特殊才能的人数是有限的……我们需要在招生过程中，结合到不同专业的特殊性，把这部分有特殊才能的人挖掘出来。”

黄冈中学的物理老师余楚东曾经回忆说，当年钟扬的母亲请他为钟扬做高考的考前辅导，他给钟扬补习了很多电子知识。在讲到三极管放大电路的时候，余老师比喻说，放大电路就像水闸一样，只要闸门稍微提高一点，就会引起很大的水流通过，三极管的放大原理也是这样，通过控制一个回路的小电流的变化，就能引起另一个主回路电流大幅度的变化。钟扬马上领悟道：“这就像四两拨千斤。”

钟扬（左）在中国科技大学读书期间与朋友合影

这话给余老师留下很深的印象，说这孩子有很强的类比性想象，适合学物理，尤其是电子学这种变化多端的学科。

钟扬在无线电电子学专业的学习过程无疑是很用功的。他曾在《中国适应性生存与可持续发展》一文中说：“我非常信奉一个秘诀，就是‘练习一万小时’定律。一本有关成功者的书中写道，无论是音乐，还是写作，只要你肯花一万个小时进行练习，你就一定能达到一定的高度。”对于自己的大学生活，钟扬也曾说：“我算过，自己在中科大确实花了一万个小时在学习，这与成绩高低无关，你付出的时间必定在将来有所收获。”

然而，在用功学习之外，还有一项爱好是钟扬所一直坚持的，就是文学创作。

钟扬去世之后，他的一位大学同学写下一首长诗悼念他，其中他提起，在学习基础课程两年后，钟扬和他都选择了信息处理专业，两人成了同班同学，他发现钟扬“并没有在这个专业上花‘足够’的心思，而是更醉心于文学与诗歌，校报上偶尔看到你青春的小诗”。

钟扬的“文艺青年”气质就这样伴随着他在求学期间，以文学思维的想象力与创造力，更好地解码无线电电子学的艰深理论。

然而让钟扬没有想到的是，大学学习无线电电子学的他，1984年大学毕业后却被分配到中科院武汉植物研究所。

被分配到武汉植物所，并非和钟扬的大学专业毫无关系。那时，中科院下属的生物学方面的十几个研究所都配备了计算机，成立了计算机室，但是能够熟练操作计算机的人才很紧缺。这就是学习电子学的钟扬来到武汉植物所的原因。从这里开始，钟扬的人生轨迹发生了改变，而改变的初始，就是电子学与植物学的“交叉”。

植物研究所里有很多植物专家都是科班出身。他们故意指着各种植物开他的玩笑：这是什么？那是什么？

在一问三不知的情况下，钟扬又气又急，暗暗发誓自己要攻克植物学。他开始埋头钻研植物学，自己拿着植物检索表一种一种地对照着认识。一年之后，从他口中说出来的植物名称，全是拉丁语的学名，比受过正规植物分类学教育的人还正规。

为了系统熟悉植物学的知识，钟扬还在业余时间里踩着单车，两年内旁听了武汉大学所有生物课程。

随着学习的不断深入，钟扬渐渐了解了植物学的学科概况。这是一个美丽又富有诗意的领域，散发着大自然的纯粹之美。生存在地球上的植物有50万种以上，每一种都有自己的特点。其中种子植物大概有25万种，给世界带来了灵动的传播与生长。

植物的数量如此之多，必须进行分类、鉴定、命名，因此延伸出分类学的研究。植物分类学是植物学学科中诞生较早又发展迅速的学科，它不但要识别物种，按照门、纲、目、科、族、属、组、系、种、亚种、变种、变型等层级，研究物种之间的亲缘关系和分类系统，还要研究物种的起源、分布中心、演化过程和演化趋势。

武汉植物研究所的一大任务，就是对荷花等水生植物进行全方位研究。钟扬在植物研究所的工作地点是计算机室，承担植物分类研究工作。具体地说，就是创办植物信息室，将植物学与计算机信息处理技术相结合，通过数学建模，解决植物分类分支研究中的数据分析和处理问题。当时，这一研究方法在世界上刚刚兴起不久，从1963年美国科学家索卡尔和史尼斯出版《数值分类学原理》算起，不过短短20年。

作为一个无线电电子学专业出身的人，钟扬发现植物学分

1987 年，钟扬在武汉主持学术会议

类与自己掌握的应用计算机信息技术的数值分类学大不相同。经典的植物学分类方法注重实际观察，重视植物形态解剖、标本室核对、文献资料管理。

此时的钟扬敏锐地发现，要跟上世界科学发展的潮流，就要在数值分类学研究中拓展植物学学科的前沿疆域，这也正好是钟扬的优势所在。

短短几年工夫，钟扬开展植物数值分类学研究，并承担了“计算机在植物学中的应用”“数量分析方法在进化植物学研究中的应用”等多项研究课题。通过这些研究，中国植物分类学的研究视野得到扩展，钟扬作为植物学家的角色开始在学界崭露头角。

板凳甘坐十年冷。从实习员、助理研究员、副研究员、研究员到副所长，钟扬在武汉植物研究所整整工作了15年。

别人花15年时间，或许是为了仕途、头衔，但他却在植物学这个此前从未涉猎的蛮荒之地开垦出属于自己的绿洲。

钟扬的大学室友、香港大学教授郝权后来感叹说：“我很欣赏他的选择，他实际上是用当时很少人用的计算机分类来研究植物，用他的长处研究一个当时国内没有人进入的专业。当然这个专业后来很火，叫作生物信息学，而我们当时没有这种眼光。”

04

心中有大我

钟扬在密歇根州立大学做访问学者期间，和约翰·比曼教授一起完成了“等级分类学数据库设计”的项目。

研究工作进展很顺利。在出国前，钟扬已经主持完成了“计算机在植物学中的应用”“湖北及邻近地区珍稀濒危植物数据库”“数量分析方法在进化植物学研究中的应用”等多项开拓性科研项目，这为和比曼教授一起完成的项目奠定了基础。

在研究工作之余，参与编撰《密友》是钟扬的一大乐事。《密友》是密歇根州立大学的中国学生学者联谊会创办的一份杂志，每个月发行一期，主要刊载中国国内消息和中国师生们的学习工作情况，在联谊会被广为传阅。钟扬一来，就自告奋勇担任杂志主编，从选题、组稿、撰稿到印刷、发行，乃至给同学送杂志。

赴美攻读博士学位的周继明与钟扬同在密歇根州立大学，

他也是杂志的忠实粉丝之一，当时他就深深地被钟扬忘我工作的热情和能量所感染，感到钟扬是个未来要成事业的人。

后来，钟扬的妻子张晓艳以家属的身份来到美国。她禁不住钟扬眉飞色舞的劝说，也加入了挨家挨户给同学送杂志的行列。

有一次，钟扬听说给住户送报纸每个月可以有二三十美元的收入，他又打起了送报纸的主意。

“晓艳，我今天听说了一个挣钱的路子。”钟扬回到住所，立马跟妻子分享刚刚听到的新闻。

“你又想到什么野路子了？”张晓艳知道，钟扬总是在不经意间冒出很多奇思妙想。

“是正经路子！我今天听说，给人家送报纸每个月能挣二三十美元呢。”

“你怎么又想起给人送报纸了？你平时又搞科研又办杂志，你有时间吗？”

“不用特意去送啊。你想啊，我不是每个月给同学送杂志吗？我送杂志的同时顺便给附近的住户送送报纸，不是每个月又多出二三十美元的收入了吗？”

“你要拿这些钱干吗？你计划过吗？”

“我当然想过了。我只要坚持送上几个月，说不定就能多挣出一台复印机的钱。咱们所里的复印机实在是太老旧了，经常卡纸，能多买台复印机回去，不是很好？”原来，钟扬是想多挣点钱，回去给武汉植物研究所添置办公设备。

“你还真是什么事情都想着所里。”张晓艳打趣他。

“所里给我这个出国访学的机会，我当然要想着了，回去的时候咱们不仅要买复印机，如果手头还富余，还应该给所里配一台电脑。”

张晓艳摇了摇头，不再说话。的确，中科院武汉植物研究所的计算机设备很陈旧，当时用的还是20世纪80年代前期配备的IBM5150，随时都可能死机。放在国外，这种机器都应该报废了。钟扬看在眼里，记在心上，他想通过自己的努力，让所里的办公条件能够改善一些。

钟扬见张晓艳没有说话，又憨笑着劝她："晓艳，你别不高兴嘛，这样好不好？你陪我一起送报纸，这样咱们就能赚双份的钱，还能共享同一份劳动果实呢。"

钟扬一句话，让张晓艳哭笑不得："你还把这当成一件好玩的事儿？再说了，谁要跟你共享劳动果实了？我自己有工要打，谁去跟你送报纸？"的确，当时张晓艳所持的是J2签证，有合法的工作许可。

可最后，张晓艳还是拗不过钟扬，跟他一起送起了报纸。

一年多之后，钟扬的研究取得突破。

钟扬和比曼教授创新地设计出一系列可用于分类信息系统的数据模型、询问系统和算法，建立了一种新型植物学分类信息数据库。

两人把研究成果撰写为论文，发表在国际植物分类学最权威的杂志*TSXON*上。

论文一经发出，随即获得广泛关注。在美国全国卫生基金会的演示会上，钟扬和比曼的这套系统得到一致好评，很快这一数据库就在互联网上运行起来。

回国的时间快到了。

“继明，我准备过一段时间和晓艳回国了。”一天，钟扬跟周继明闲聊的时候，说出了回国的打算。

“你们要回国了？”周继明一听，有些震惊。要知道，当时国内科研和生活环境都比国外差了好几个档次。留在国外，即使是端盘子、打零工，都是很多人梦寐以求的。可钟扬刚刚在学术领域取得骄人成就，转眼就要拍拍屁股走人了。

“你想好了？”周继明问他。

“想好什么？”钟扬有点不解。

“想好回不回国啊！”

“哦，这个啊？这有什么好想的？我从出国的时候就想着要学成回国啊，从来没想过留在国外。”

周继明嘴张得老大：“那学校这边也没有留你吗？你这么优秀，学校怎么舍得放你走？”

“学校这边倒是希望我能够留下来继续做科研，而且会给我申请奖学金。但我觉得还是回国更好。”

“那……晓艳也跟你一起回去？”

“是啊，她的研究也差不多做完了，我俩一起回去。”

钟扬和张晓艳也讨论过回国的问题，但是钟扬在回国的问题上，从来没有犹豫过。

他跟张晓艳说：“美国吧，你可以这样想象，可能是你的一个比较有钱的亲戚，或者一个朋友。我们过去学一点东西、串一串门、做一做客都可以，但是我们的工作、我们的热情、我们的整个事业还是在中国的。”

出国前半年，钟扬刚刚加入中国共产党。他在入党志愿书里写道：“我是一个在红旗下长大，受党教育培养多年的青年科技人员。在学生时代，我就向往加入中国共产党……今天，我对中国共产党更加坚信不疑，愿为党工作，为革命事业奋斗终生……”

张晓艳理解他。她知道钟扬做任何事情，考虑的都是国家、都是集体、都是别人，唯独没有考虑过自己。

回国的时候，钟扬的举动更是让周继明大吃一惊。

当时国内的生活水平不高，家电用品更是稀缺资源，很多人从欧美、日本回国，都要买几个大件儿，冰箱、彩电、洗衣机都是少不了的。因为在国内买进口家电很贵，很多人选择在国外攒好钱，然后回国凭相关单位的证明到特别设立的仓库提货，又方便又经济，显得洋气。然而，钟扬带回国的却是别的东西。

临别时，周继明到钟扬家里帮他们收拾行李，可看到钟扬房间里新购置的传真机、复印机等，一下子惊呆了。

“钟扬，这是啥？”

“你没见过啊？这是复印机啊。”

“我知道这是复印机，我问你买这个干吗？你要带回国？”

“对啊，不带回国，难道留给你啊？”

“你带回国干吗？难不成要开打印店？”

“你想哪儿去了你？把这个拿到单位，大家一起用啊。单位的复印机太旧了，每次打不了两页就卡纸，早该报废了。把这个拿过去用，又节省时间，又节约纸张，能方便大家，不挺好？”

“那传真机也是？”周继明已经猜到了答案，但仍然要证实一下。

“是啊，传真机也是给单位的，单位的这些办公器材都太老旧了，要想搞好研究，首先硬件得跟上啊。对了继明，你明天有空不？陪我去趟电脑城，我想再买个电脑，你给我参谋参谋啊！”

“还要买电脑？”周继明觉得钟扬太不可思议了。

“是啊，单位的电脑早就跟不上科技发展的步伐了。我们要发展科技，首先要更新我们的电脑！”钟扬说得振振有词。

“哎？不对啊，你哪来这么多钱买这么多大件儿？你送报纸赚的钱有这么多吗？”周继明回过味来，狐疑地看着钟扬。

“嘿嘿，这都被你发现啦？我的钱当然不够了，不过这不是有晓艳吗？我叫她把钱也贡献出来啦。”

周继明一听，心里有点替张晓艳打抱不平：“钟扬，我说这就是你的不对了。你自己赚的钱，你爱买啥买啥，谁也管不了你，但人家张晓艳在外面辛辛苦苦打工赚钱，人家容易吗？你把人家的钱也抢过来，你有意思吗？”

“哎呀，继明，你怎么还生气了呢？这哪儿叫抢呢？这叫夫妻一体！”

周继明看着一旁忙里忙外的张晓艳，跟她说：“晓艳，你就这么让钟扬花你的辛苦钱啊？”

张晓艳只说一句“由他去”，瞪了钟扬一眼，然后接着干

钟扬和妻子在美国

活去了。

钟扬用省吃俭用攒下的生活费给公家买大件儿的故事在中国留学生圈子里传开了。有人偷偷给钟扬取了一个外号“傻猫”，因为钟扬干的都是别人理解不了的事情：放着好好的科研条件和奖学金不要，非要回国；省吃俭用攒下的生活费不买大件儿，不存起来，却买了办公设备，捐给了单位。

可钟扬却不以为意。在他看来，能通过自己的努力让单位的科研硬件水平上一个台阶，让大家的办公效率提升一个档次，让大家的时间真正花在有价值的地方，他花的这些钱，值了。

钟扬的这些大件儿走的是海运。等货物运回国内，却被通知货物在上海海关给扣下来了。

“同志，我们运回来的东西有什么问题吗？”钟扬眼看着自己千里迢迢运回来的办公设备没法清关，十分着急。

“你们运回这些是做什么用的？”海关的工作人员怀疑钟扬是想私自开一家复印店。

“同志，我们跟你说了啊，我们是中科院武汉植物研究所的，我们是想把这些先进的设备运回来捐给单位，用作办公。”钟扬给工作人员看自己单位开的证明。

“你们自己花钱捐给单位？”海关的工作人员上下打量着衣着朴素的钟扬夫妇，摇了摇头。从国外带彩电、冰箱回来的他见多了，就是没见过个人出国带电脑、打印机和复印机回来的，更不用说，是自己花钱把东西买回来捐给单位，简直是匪夷所思。在他看来，捐款捐物的人，都是像邵逸夫、李嘉诚这样的亿万富翁，怎么眼前这么一个非富非贵的人也充起慈善家来了？

海关的工作人员不由分说，硬是不理会单位开出的证明，还是把物品扣下了，给的理由很简单：有逃税嫌疑，暂不予清关。

结果钟扬又费了好大一番周折，在上海停留了好几天，海关最后才同意放行。

这几个大件儿运到武汉植物研究所后马上派上了用场。武汉植物研究所由此建立了一个“计算生物青年实验室”，钟扬作为实验室的主任，用这些设备提升了实验室的科研条件，大大提高了研究效率，培养了一批青年人才。

第二章 种子深入祖国大地

01

弃官从师

33岁这年，已是副厅级干部的钟扬“罢官”了。

钟扬的人生，原本可以不这么“折腾”。15岁时，他考入中国科技大学少年班；二十几岁，成为当时国内植物学领域的青年领军人物，事迹被央视《新闻联播》专题播报；33岁，他从中国科学院武汉植物研究所辞职到复旦大学当一名普通教师时，已是副厅级干部。

钟扬的成就，更是常人难及。当时，钟扬已在国际上率先提出一种新的交互分类数据模型和检测系统树差异的新测度，并据此建立了一个基于生物学分类本体论思想的交互分类信息系统。

有人说，钟扬是个“怪人”，因为他做出了这个成绩，已经可以坐在办公室里，指导着手下一批人干活了。然而，他偏偏愿意从头再来。

这个选择，最终决定了他的命运，成就了他短暂而又璀璨的一生。

2000年初，湖北武汉，中科院武汉植物研究所。

刚过下班的点，人们从各自办公室里鱼贯而出，时任副所长的钟扬走进王有为的办公室。武汉植物研究所四年一度的换届工作刚刚结束，所里决定把王有为从植物研究所下属的君安医药研究所调回来，让他担任所长助理兼资源研究室主任。“有为，恭喜啊！”钟扬闻知喜讯，第一时间前来道贺。

“你少拿我开涮，你还不知道我嘛，在下面闲云野鹤惯了，回所里反而有些不适应。话说你这次连任了，有什么打算？”这次换届工作会同时决定，钟扬也在副所长的位置上连任一届。

“有为，我不拿你当外人，我这边确实有一个事儿。”

“我知道，你可能要到别处去了。”

“那倒不是，但是我觉得可能是个机会。先不说这个了，咱们去我家里喝一杯！给你庆祝一下！”

其实当时王有为已经猜到，钟扬所说的“机会”，可能是复旦大学。因为他知道，钟扬的一位忘年交陈家宽刚被调到了复旦。

据王有为了解，陈家宽是应复旦大学的邀请，准备“拯救”已经濒临解散的复旦大学生态学科。为了这件事，陈家宽正在四处寻觅“救火队员”。在陈家宽眼里，钟扬人品好、学术能力强，同时心胸开阔、有格局，完全有可能成为卓越的学术带头人。他希望钟扬能在更大的舞台上发挥作用。

“钟扬，大致的情况也跟你说了，我就不跟你绕弯子了，上海的发展现在急需生态学科的科技支撑，复旦大学作为重点大学，理应承担起这份责任。你愿不愿意加入我的团队？”

在开口的时候，陈家宽的心里其实是打鼓的。一来，钟扬在武汉植物研究所可谓一路顺风顺水，从一个负责技术的工作人员成长为副所长。二来，钟扬到复旦大学以后，为了生态学的需要，可能要再次面临学科的转换，从植物学转为生态学，这从某种程度上说也是“从头再来”。三来，当时我国的高等教育还处在低谷期，教师待遇普遍低，科研经费少，所以人才流失严重。如果是一般人，陈家宽的邀请很可能会尴尬收场。

可钟扬却一口答应下来："等我这边办完手续，我就去找你。"

钟扬的干脆利落让陈家宽一下子愣住了，也让他觉得有点于心不忍："钟扬，要不你再考虑考虑？你在武汉是副厅级干部，父母又在武汉工作，你下决心跟我了吗？"

钟扬又是干脆利落的一句话："我绝不后悔。"几个月后，妻子张晓艳调动工作的手续也办好，钟扬便写了一份辞职报告，"挥一挥衣袖"，把副厅级的职务和可期的大好前程都抛在了身后。

当时，复旦大学生命科学学院的院领导见到钟扬第一面就说："你从中科院武汉植物研究所副所长的位置调到我们这里来当个普通教授，有点屈才啦！"

钟扬爽朗一笑："到哪里都一样干革命。"

"我天生就是要做老师的。"钟扬这么跟别人解释，自己出身教师家庭，呱呱坠地前一小时母亲还在讲台上授课。

此刻，钟扬终于真正圆了他的"老师梦"。

很多人不理解这位副厅级领导的心里到底是怎么想的。复旦大学生命科学学院党委书记陈浩明理解他:“他一生所眷恋的就是做一名普通老师，潜心学术，教书育人，他的眼里根本没有名利的位置。”

陈家宽在钟扬去世以后回忆，钟扬之所以选择来到复旦大学，除了复旦的人文精神、文化底蕴强烈地吸引了他，还因为钟扬一直有当教师的梦，他希望从科学家转型成为既搞科研又搞教学的大学教授。

带着教师这个钟扬最钟爱的头衔，他离开武汉，来到上海，而后又走到了青藏高原。一走，就是一生。

02

归零重启

2000年，钟扬辞掉中科院武汉植物研究所的工作，来到复旦大学，他面对的，其实是一个百废待兴的环境资源系的烂摊子。

当时，环境资源系的教学和科研水平下降严重，老师们纷纷离职，学生也不愿意报考。平时，学生们私下里喜欢对各个系评点一番，并且按照学业压力、就业前景等标准把不同的院系划分为“苦系”“闲系”，而环境资源系连复旦大学的“闲系”都算不上，被学生们归到了“垃圾系”里面。

就在这个时候，陈家宽临危受命，来到复旦大学，四处招募人才，钟扬就在这时和卢宝荣、李博两位学者一起踏进了复旦大学的大门。

来到复旦大学的第一天，钟扬和妻子张晓艳提着一堆行李到环境资源系报到，却被通知，由于最近来的人比较多，教职工宿舍暂时没有空出来的房间。

钟扬一脸无所谓的样子:“能有个睡的地方就行。”

工作人员商量了一下，只好让钟扬夫妇先住进一个没有床铺的临时宿舍。然后将会议室里的两条长凳搬进宿舍用作支撑，再在长凳中间摆了一张双人床的床板，在上面垫了一些棉絮，床铺就做成了。

宿舍的工作人员有些不好意思:“钟老师，实在抱歉，条件简陋了些，您先将就几个晚上，我们尽快给您调配出一间来。”

张晓艳心里有点郁闷：钟扬来是帮你们“救火”的，你们反倒把他当成一个打工的。刚想说两句，钟扬抢先接话了:“有住的地方就行。”然后就对张晓艳说:“屋子你打扫一下吧，我还要跟学生讨论文章。”

说着，钟扬扔下行李，就带着几个学生一头扎进了实验室，留下张晓艳一个人，愣愣地看着杂乱不堪的临时宿舍。

这就是钟扬到复旦大学的第一个晚上。

钟扬正式和生命科学学院领导、老师见面这天，见到了

站上讲台的钟扬

任文伟。

任文伟和钟扬是在1999年认识的。当时，陈家宽正在策划一个“973计划”项目，钟扬被请到复旦大学来策划该项目的建议书，任文伟正好负责这个项目的资料整理和会议记录工作。

闲聊之间，任文伟觉得这位30多岁的武汉植物研究所副所长身材魁梧、声音洪亮、言谈风趣，似乎与想象的青年才俊对不上号。但在之后的项目策划过程中，钟扬妙语连珠、思维敏捷，颇有帅才之风，其老成之处又和他的年龄不符——这样一个青年才俊，很难不给人们留下深刻印象。

2000年，任文伟复旦大学博士研究生毕业后留校任教，正好和钟扬同一批到院里报到。

白天参加了一天的新职工培训，晚上两人相约到复旦大学东门一个叫“老巷”的小饭馆吃火锅，还叫了实验室几个学生。

吃了一轮以后，钟扬打开话匣，故事不断、段子横飞，和刚刚认识的学生们打成一片，气氛火热。

席间，有学生问钟扬：“钟老师，您觉得我们应该怎么做科研呢？”

钟扬谈兴正浓，哈哈一笑说：“我给大家打一个谜语，你们猜猜看。我认为，做科研要具备四种动物的品质，你们觉得是哪四种动物？”

大家七嘴八舌，猪狗牛马，猜什么的都有。最后，钟扬见吊足了大家的胃口，就给大家公布他的“标准答案”：“我觉得啊，搞科研其实是一条很艰辛的道路。首先要对自己研究的东西感兴趣，否则会非常痛苦。但如果想在科研上取得成功，至少必须具有四种动物的品质——一是要有狗的嗅觉。必须知道哪些是科学前沿的问题，哪些是有价值的研究方向。二是要有兔子的敏捷。想到了好的问题，就要马上动手去做。因为一个好的科学问题，可能全球有上百个实验室在研究它。如果慢了的话，就是有再好的想法，也会被淘汰，如同'起个大早，赶个晚集'，是没有竞争力的。三是要有牛的勤奋。很多科学实验需要大量数据和反复验证，需要不断收集、整理和分析数据，要像老黄牛一样只问耕耘，不问收获——如果能做到这几点，那么成功则是自然而然、水到渠成的事。"

他停了停说："这第四点很重要。光有前面三种动物的品质还不够，最后还要有猪的心态。因为，在科学研究的道路上，失败会一直伴随科学家。如果没有超脱的心态，放下包袱轻装前进的话，那科学家都会郁闷死的。"

大家听完，笑成一团。任文伟当时就觉得，钟扬又风趣又健谈，能把自己对一件事情的理解，用非常风趣的语言阐述出来，让人想忘都忘不了。

在后来的很长时间里，钟扬说的这种集狗、兔、牛、猪四种动物精神于一体的科研精神，被他的同事和学生们称为“新四不像”精神，更是解释了钟扬攻关科研、勤奋攀登的一生。

这自然是后话。

当时，陈家宽和引进的钟扬、卢宝荣、李博三名学者一起，共同担负起重建复旦大学生态学学科的重任。四名学者，每个人都能独当一面：陈家宽做生物多样性研究，李博做种群生态研究，钟扬做进化理论研究，卢宝荣做转基因的生物安全研究。四人齐心合力，把复旦大学生态学科从濒临解散的边缘一点一点重建起来。

而在此过程中，钟扬又完成了一次转型：他发现生态学对于上海、对于国家而言更急需，就毅然从研究植物学转向了研究生态学。与此同时，为了让复旦大学在生物信息学学科建设中抢先一步，钟扬提出要编写一本关于生物信息学的教材。当时，这门学科在全球刚刚起步，在国内的教学研究基础更是薄弱。钟扬说，自己正好利用在中科院武汉植物研究所的研究方法和成绩来助力学科建设。

为了学科建设工作，钟扬往往要在实验室里忙到后半夜，可是实验楼的门禁不等人，一到时间，楼门口的铁链锁一锁，看门大爷就可以回去休息了。钟扬为了不给看门大爷添麻烦，想出了一个办法：他自己在实验室忙完之后，铁链锁已经锁了起来，他就使劲撑开铁链锁，扒开一条门缝，使劲吸一口气，收紧肚子，然后把他的身体一点一点从门缝里挤出去。一同加班的同事看见这滑稽的一幕忍不住开他玩笑说："你就叫'钟胖胖'得了。"钟扬也是一副乐天派的样子，每每从门缝里钻出去以后，还不忘给同事比一个胜利的V字手势。

钟扬和同事夜以继日地努力，逐渐收获了果实。

2000年6月，由复旦大学和北京师范大学联合创立的生物多样性与生态工程教育部重点实验室获准建设，实验室主任由北京师范大学张大勇担任，钟扬担任副主任。

2001年12月，钟扬、张亮、赵琼主编的教材《简明生物信息学》由高等教育出版社出版。这本书概述了生物信息学的基本概念、必备的计算机基础和主要的信息学资源，介绍DNA序列分析、系统发育分析、基因组分析以及蛋白质组分析等分析方法、关键技术和常用软件。这本教材不仅是全国高校本科生和研究生所用的生物信息学首批中文教材之一，还因为其权威性、专业性而一直沿用至今。

03

学术“清流”

2012年9月，钟扬任复旦大学研究生院院长。

彼时，钟扬还是中组部选派的第六批援藏干部成员，兼任西藏大学理学院副院长，教学和科研任务负担之重可想而知，学校又将研究生院管理这样一个重担交到了钟扬手里。

钟扬身边的人担心他肩负多重重担，重压之下可能会让他百上加斤，可钟扬刚一上任就开启了一项大动作——在全校推广“集中式授课”项目。

这个“集中式授课”项目，并不是钟扬拍脑袋拍出来的。为了了解各大院系的工作情况和实际困难，钟扬组建了一个研究生院调研团队，到全校31个院系走访调研，跟各院系的师生座谈。

通过走访调研，钟扬发现，研究生课程教学长期以来存在一些积弊，教师与学生双方的积极性都不高：有的学生在报考研究生时不了解专业，盲目选择之后发现所学专业偏离了自己的兴趣爱好，有的学生认为课程学习与后期课题研究、论文撰写关系不大，且课程内容偏老旧、前沿性不够，因此提不起兴趣投入到课程学习当中，从而导致了学习积极性、主动性不高。

怎么从机制上解决这个问题呢？钟扬感到，这是他就任研究生院院长之后面临的第一次“大考”。

在和相关领导、专家充分讨论之后，一个名为“FIST”的方案出现了。

FIST的中文名称是“复旦暑期集中授课”，英文简称也暗含着将其建成“拳头”（FIST）项目的初心。FIST课程由复旦大学教师牵头，师资以海内外名师为主；授课内容主要为各学科领域的前沿热点以及新兴和跨学科方向。钟扬概括FIST的特点是“集中授课、夏季为主、聘请名师、对外开放、计算学分”。

FIST课程开放的时候，受欢迎程度出人意料。前来授课的名师来自全球，学生也多种多样，不少来自欧美的大学。而FIST的每门课程也都经过了精心的编排准备，基本上5天讲完一课，信息量极大。学生们白天听课、讨论，晚上必须查资料、加深理解，好跟上第二天上课的进度。

这样的紧张学习，在研究生教育中是前所未有的，听课的人都耳目一新。就连各地高校的青年教师听说了FIST项目，也纷纷加入听课的队伍中。

目前，FIST项目每年开课数量稳定在70～80门，已累计开课339门。学校通过实施FIST项目，不仅提升了课程质量，激

钟扬在复旦大学研究生院办公室

发了研究生学术兴趣，而且激活了课程体系，同时提高了导师的教研水平，受到师生的广泛欢迎。

复旦大学研究生院副院长楚永全说：“我们保留着钟院长当年亲手设计FIST项目的手稿，透过字里行间，仍能感受到他对项目的深思熟虑和对研究生教学工作的深刻思考。”

可钟扬觉得，研究生院该做的还有很多：如何让每一位研究生的困难都能被听到、被重视？如何让研究生院的职能真正服务于老师和学生？

本着这样的想法，研究生服务中心应运而生。

研究生服务中心立足解决研究生面临的各种困难和问题，成立的初衷，是希望研究生院全体员工首先做好对院系和师生的服务工作。

在钟扬的主导下，这个全校率先建立的研究生服务中心，开始全年无休接待学生。在他的理念里，服务中心就是研究生院的接待窗口和办事大厅，每一名员工都要学会做办事员。所以钟扬不但兼中心主任，在初期还亲自坐班示范。他每天到院里来，总是要到服务中心转一转，和员工、同学聊一聊，如果发现了典型案例，就拿到院务会上“解剖麻雀”。

在复旦大学研究生院副院长杨长江看来，这个研究生服务中心的设立，是钟扬主导的一项理念的变革和对“套路”的冲破：“在过去，对研究生的理念是管理，就是自上而下的一种方式。服务中心的设立，它的关键是做到了理念上的转换，既是严格管理，也是热情服务。从管理转换为服务，其中恰恰补充了我们之前管理过程当中没有太多重视的东西。”

杨长江说，在服务中心运转过程中，每一个细节都体现着这种理念上的转变。比如，服务中心开放的时间是早七点到晚七点，它考虑的不仅仅是正常上下班的时间，还考虑到学生们的作息时间，一般学生们早上的课程是八点开始，而如果服务中心在七点就开门的话，学生们就能在课前的时候来服务中心办事，这样对学生来说办事就方便多了。

在钟扬的带动下，研究生院的工作作风和状态有了根本改观。2016年，研究生院又成立了导师服务中心。

钟扬对研究生管理理念的创新突破和对研究生学习生活的关心重视，不仅仅体现在设立服务中心一件事上。

在研究生中，这位院长渐渐地有了一个新的外号——“接盘侠”。别的导师不要的学生，但凡找到了他，他都会接收，绝不放弃。“接盘”以后，他还会根据每个学生的特点，为他们量身定制一套个性化的发展规划。

中国科学院昆明植物研究所副研究员张体操对钟扬培养学生的理念印象深刻：“他对自己的要求非常严，但是对学生很宽容。一个生态系统里，生物多样性是稳定的基础，他认为有各种各样的学生很正常，他能够接受，并且因材施教。他会去思考，对什么样的学生提供什么样的课题、提供什么样的教导。”

钟扬曾将患肌无力的学生杨桢收入门下。因为杨桢在听过钟扬的讲座后，对植物学产生了浓厚的兴趣。钟扬说：“我愿意招收你不为别的，而是因为你确实适合做科研。”钟扬的这句话，给了杨桢莫大的鼓励，如今，他已成为中国科学院的科研人员。

可唯独在一件事情上，钟扬的原则性非常强。钟扬在处理学术不端问题上态度坚决，发现问题就会处理，而且处理得斩钉截铁，毫不含糊。

杨长江回忆说，学生的学术不端问题比较复杂，钟扬的处理方式也不总是毫无争议，但是他始终贯彻自己零容忍的理念，绝不会因为所谓的学生思考问题的局限性、评价体系的机制导向等就会对学术不端问题睁一只眼闭一只眼。

复旦大学研究生院综合办副主任包晓明说，钟扬播种的是思想的种子，他能看到我们看不到的问题，把他的经验和学识传播给更多的人。他曾经跟学生讲过很多提高论文写作水平的课程，他曾说："你的论文放在这里，如果论文有抄袭，任何人都能找到你抄袭的证据。"他对抄袭是零容忍的，因为在这一点上的坚持，他为纯净学术风气做出了贡献。

04

侠之大者

杨长江怎么也没有想到，直到钟扬去世，他才渐渐了解到这位钟院长不为人知的另外一面。

2017年初冬，冷意已经随着凋零的树叶渐渐漫上身体，研究生院的工作依旧有条不紊地开展着，可在偶尔停下来的时候，抬头望向窗外，总觉得，今年的冬天比往年显得格外冷清。

这一天，杨长江和几位同事代表复旦大学校友会来到钟扬家里，探望钟扬的妻子张晓艳。

钟扬家在单元楼一层。进了门后，客厅里开着灯。客厅不大，家里并不暖和。大家坐在几把椅子上，跟张晓艳聊着她的两个孩子，聊着钟扬的父母，也不可避免地聊着他的身后事。

聊着聊着，杨长江的眼睛有些酸胀。如果不是亲眼看见，杨长江实在没办法把这个房子的主人和享誉学界的钟扬联系起来——房子的装修像二十世纪七八十年代的风格，家具一看就是买了很久的，电视机是早就被淘汰的老款式。

杨长江心里的疑问忍不住冲口而出：100平方米出头的房子、三个小卧室、和岳父岳母同住……钟院长的家，怎么会是这样一个局促的地方？

张晓艳对此并不介怀。她解释说，她和钟扬原来有一套小房子，是复旦大学分给职工的位于南华新村的老宿舍，后来准备送儿子出国读高中的时候，为了凑钱卖掉了，现在就和她的父母同住一起。

在杨长江的印象里，钟扬来复旦大学的时间是比较早的，当时和他前后脚来的老师们，很多现在已经有了不止一套房子。当时的房价也就四五千块钱一平方米，而随着上海房价飞涨，如今已经涨了不止10倍。他原以为钟扬也至少有一套像样的房子，再不济这么多年也多少通过做科研项目赚了一些钱。

可谁知道，钟扬就是这样的人，不曾花一点心思考虑自己的个人问题。杨长江此刻才真正明白，人们对钟扬的评价有多么中肯："钟扬从来不要求职务待遇、收入条件，唯一的心愿就是做事，做对国家对社会有价值的事。"

中科院昆明植物研究所书记杨永平谈起钟扬，讲到了一个比喻。他说："在我脑子里的钟扬老师，是一个大侠。我觉得他是一个大爱无疆、小爱无边的人，就是说只要谁有什么问题，谁有什么困难，但凡他能够做到，都可以帮别人做到极致。"

有一次杨永平和钟扬一起吃饭，听他聊天说起一位老师想做牦牛的取样，因为他们正在做一个牦牛基因组的课题，需要买一头牦牛。钟扬听闻后热情得不得了，就帮他去找牦牛。"他经常会讲，哪个人要做什么事，我又是怎么帮他的。我们同行里面，比如说谁要采样、采集种子，或者需要哪种DNA材料，只要钟老师有的，一定无偿提供。如果他没有的，下一回也会请人帮助，或者自己在哪一次采样时帮别人去完成。钟老师总是乐于助人，对我们来说就是侠士，有侠义之心。"杨永平说。

如果要用一个字来概括钟扬，杨长江想到的，首先是一个"大"字。

“钟老师有大格局、大视野。在工作方式上，钟老师的理念就像他主持创办研究生服务中心一样，很多时候敢于突破套路，比如开会不拘泥于形式，很多时候是随时随地进行，约谈院系的时候也是说走就走。他在研究生教育的理念上、模式上塑造了我们研究生院的一种创新思想。”

如果拿一个人作比，钟扬像谁？

杨长江说：“他像金庸小说里的乔峰，快意恩仇，大气、豪爽。首先，他对自己的要求是很高的，想问题想得是很深的。他要求自己做得更好，他也是非常有智慧的人。其次，在他身上没有书生气，但是带有一些江湖气。他的结交非常广泛，就连在西藏墨脱支教的团队都受到了他的支持和指导。他的交往层次不是‘阳春白雪’，而是各个层次的人他都会去支持，帮助他们做很多事情。而在我们和他的相处中，我们也很随意。在工作中，他更多的是把责任承担起来，让我们放手去做，即使做错，他也不会苛责下属，他会自己承担、补救。

“其实在钟院长去世之前，研究生院上下对他已经很认可了，但是对于一个伟大的人物，远望方知处处高。他的伟大、他的心胸、他生前做的事情的价值，往往随着时间的推移，人们会看得更清楚。”

侠之大者，为国为民。

05

“死面饼子”最好吃

2017年5月，西藏墨脱。

凌晨1点半，跟着钟扬来墨脱采样的学生边珍在路边一家馒头店的木板房里睡下了。

青藏高原的野外采集往往历时数天，星夜兼程是家常便饭，墨脱尤其如此。墨脱县是中国最后一个通公路的县，这里的公路被称为“最难修的仙境公路”，一路坐过去颠簸不断，日程也非常紧张：1点半睡，4点半起，6点半吃完饭去采样，一采就是一整天。

这天夜里，边珍已经困得不行，却听见钟扬所在的隔壁屋还有动静。

这么晚了，钟老师在做什么呢？

边珍仔细听了听，原来是打字的声音——钟老师还在制订采样的计划，修改学生的课题。

边珍心里有点难受，但是她来不及细想，无边无际的困意已经袭来。

不知过了多久，边珍隐隐约约又听到隔壁的声音，她一看时间，还不到4点半，转了个身又睡了过去，再醒过来的时候，已经快5点。

“赶紧起来吃饭了！”是钟扬的声音。

边珍一下子坐了起来。她都没来得及帮钟老师做早饭！心里不禁一阵愧疚。边珍赶紧洗漱完毕，到了木板房外面，发现大家都已经起来。除了榨菜、酥油茶和馒头，钟老师还给大家做了一道蒜薹炒肉。

边珍心里浮起一个问题：钟老师到底睡了几个小时？1点半了，他还在电脑前忙碌，不到4点半，钟老师已经起来给大家准备早饭。

6点半，从馒头店出发，一行人又踏上了采样的征途。

钟扬虽然只睡了不到3个小时，但他走在前面，始终都是一副充满活力的样子。为了调动整个团队的积极性，钟扬会一直讲段子、讲故事，一阵又一阵的笑声在墨脱群峰之间回荡。

走着走着，钟扬的话不那么多了，边珍知道，他是真的累了。

“钟老师，您昨天晚上都没怎么休息吧？您太累了，要不您在车里休息一会儿，我们自己去采就行了。”

“没事，一起。”钟扬喘着气，青着脸，短短四个字，语气坚定。

边珍愣在那里，一时不知道怎么劝他，可钟扬已经又紧走几步，走到了前面。边珍只好赶紧跟了上去，继续采样。

后来的结果是，钟扬始终没有退下阵来，倒是一直等在车里的司机师傅被钟扬的精神感动了：“钟老师年纪这么大了，还亲自采种子，我们也来搭把手吧！”

钟扬一看司机师傅也加入了进来，更来了劲，一边采样一边认真向司机师傅介绍各种植物的特性，手把手地教司机师傅怎么采种子。

“其实钟老师很纯粹，他表现出的是一种对采集种子、对科研的热爱。哪怕是身体那么累，他还是愿意自己一颗一颗地去采，他完全是靠他的这种热爱、这种意志力在撑着。”边珍每每回忆起采种子的经历，就一次又一次地被钟老师的精神所震撼、感动。

钟扬常年背着一个黑色背包，里面装着笔记本电脑、大摞的资料、翻译稿和学生的论文，有时候还装着一袋又一袋的种子。

钟扬常常穿着一条洗得很旧的牛仔裤，据说是他在拉萨地摊上花29块钱买下来的。牛仔裤的臀部已经破了两个巴掌大的洞，可钟扬舍不得扔掉，自己找了一块蓝布补起来，后来补丁也磨破了，还是一直穿着。

每次外出采样，往往没有条件做饭，中饭甚至晚饭都只能自备干粮。钟扬最常带的一种干粮是“死面饼子”，是一种慢火烘烤出来的干饼，因为它不好消化才顶饿。他跟学生们半开玩笑地说，“死面饼子”加上凉菜和午餐肉，就是一顿野外佳肴。

钟扬还打趣说，“死面饼子”没有滋味，但人饿了，它就相当美味，因为“饥饿就是最好的味精”。

3 第三章 高原上的种子天堂

01

西藏高原上的“藏宝库”

2001年8月，钟扬第一次踏上了青藏高原的土地。

下了飞机，钟扬的第一感觉，是强烈的不适感。脚下的土地，是海拔3600米的拉萨，此时的钟扬感到心跳加速，头昏脑涨。但他却乐观地给同行的专家们打气：“我不晕，因为我体积大，身体里储藏的氧气比你们多。”

此时的钟扬没有想到，在此后的16年时间里，他会和脚下这座种质资源①的宝库产生千丝万缕的关联，而他坚毅的性格、乐观的品质，也让他默默承受着随之而来的无数种伤痛与艰辛……

来到西藏以后，钟扬目之所见，全都是如宝藏一般的存在。

注①：种质资源又称遗传资源。种质是指生物体亲代传递给子代的遗传物质，它往往存在于特定品种之中。

这里是名副其实的植物王国。这里的高等植物有5000多种，科、属、种数分别占了全国植物的32.9%、38%和18%。由于地势、水系环境、气候的巨大落差，使得这里生长着维管束植物中几乎所有的门类：蕨类植物、裸子植物、双子叶被子植物、单子叶被子植物……

这么好的植物资源，自己作为一个植物学家，为何姗姗来迟？钟扬不禁叹了一口气："西藏，我来晚了！"

钟扬在西藏采集标本

坐上回程的飞机，钟扬思绪难平。他知道西藏是植物学家的一块研究宝地，然而很多植物学家却待在北京、上海这些生物多样性很低的地区做研究。

他想起了植物学家们经常说的一句话："一个基因可以拯救一个国家，一粒种子可以造福万千苍生。"但是青藏高原有6000多种植物资源、1000多种特有植物，却从来没有人彻底盘点过。作为一名植物学家，钟扬此刻觉得，青藏高原才是植物学家最应该去的地方！

这个念头在钟扬心里扎下了根。

回到上海之后，钟扬一直寻找再去西藏的机会。

2002年，上海市一个农业投资项目"上海市农业生物基因中心"正式启动，中心主任罗利军想尽快把这个基因库完善起来，急于寻找各种植物基因。他从一本《晶珠本草》的藏药书中找到了灵感，西藏的药用植物被罗利军视为完成项目的关键。

于是，他想到了一直想去西藏进行植物学研究的钟扬。

钟扬收到邀请，一口答应，马上踏上了前往青藏高原的征程。在他的心里，这次征程不仅仅是为了帮罗利军完成项目，而且是去实现他心里的一个梦想。

对于多年致力于种质资源和生物多样性研究的钟扬来说，全球气候变暖和人类活动会导致一些植物的灭绝，而种质资源事关国家生态安全，事关整个人类的未来。青藏高原拥有我国最大的生物“基因库”，但由于高寒艰险、环境恶劣，植物学家甚少涉足。钟扬觉得时间紧迫，要即刻上路，盘点清楚世界屋脊的植物“家底”，为国家、为人类储存下绵延后世的丰富“基因”宝藏。

盘点“家底”，这是钟扬的“种子梦”。

这个梦一追，就是16年。

02

寻找生死线上的高山雪莲

青藏高原上的珍稀植物那么多，哪种植物才是最有采集价值的？

钟扬把目光放在了植物学界的“成功者”高山雪莲上。

1938年，德国探险家在海拔6300多米的珠穆朗玛峰南坡采集到一棵几厘米高的高山雪莲，将其记载为世界上分布最高的高等植物，被国际高山植物学专著和教科书奉为经典。但在此之后，再也没人找到这种植物。

高山雪莲，是人们对高原上鼠麴（qū）雪兔子的俗称。这种植物广泛分布在我国西南和西北各地，以及邻近国家，其中不乏低海拔和环境优越的种群。仅从生物学特性看，青藏高原种群明显要差得多，但是在如此恶劣的环境中，究竟是否存在高山雪莲呢？它们又是如何在这种恶劣的环境中生存的呢？

钟扬希望自己能给出答案。

从2011年起，钟扬开始带领团队寻找高山雪莲，可始终一无所获。

2012年6月的一天，钟扬和学生拉琼、扎西次仁再度爬上珠穆朗玛峰。

海拔5200米，珠峰大本营，高山雪莲还未现身。

“继续向上走！”钟扬呼呼喘着粗气，脚下一瘸一拐走得不稳，神态却比任何时候都坚毅。

拉琼一看，钟扬的高原反应已经很严重，眼看他呼吸急促、全身无力，随时都会有生命危险。

“钟老师！你听我们的，在珠峰大本营休息吧，你再往上爬，可能会有危险啊。我们两个往上爬就行。”

钟扬一听，马上拉下脸来：“我最清楚植物的情况，我不去的话，你们更难找。你们能爬，我也能爬。”

拉琼听了这话有些难受。拉琼觉得钟扬不是本地人，又不熟悉山情，他继续往上爬确实可能会有危险，可钟扬这股倔劲儿上来了，拦也拦不住。

最后，两人拗不过钟扬，只得继续爬。

“找到了！找到了！”钟扬沙哑的声音透着异样的兴奋。

这是一片冰川退化后裸露的岩石。在岩石缝里，藏着高仅10厘米、长着灰白小绒球花朵的不起眼儿的植物。花形宛如拇指，花朵散发着生生不息的气息。钟扬像注视一个刚出生的孩子那样，疲惫的脸上挂着深深的欢欣与雀跃，凝望了很久……

“这个发现使我们找到突破现有世界纪录的最高海拔分布植物的信心倍增，进一步的分子生物学分析将为揭示其种群来源和动态及其与全球变化的关系提供科学的依据。”钟扬说。

这些矮小的植株为什么能耐受干旱、狂风、贫瘠的土壤以及45℃的昼夜温差？

钟扬在研究中得出结论：鼠麴雪兔子之所以能成为世界上分布最高的植物，就是靠这一群群不起眼儿的小草承担着“先锋者”的任务，向新的高地一代又一代地缓慢推进。

这一群群不起眼儿的小草，就是物种演进的先锋者。

钟扬被“高山雪莲精神”深深地触动了。他在文章中写道：

生长于海拔 2700~5700 米的山坡流石滩的鼠麴雪兔子

“生命的高度绝不只是一种形式。当一个物种要拓展其疆域而必须迎接恶劣环境挑战的时候，总是需要一些先锋者牺牲个体的优势，以换取整个群体乃至物种新的生存空间和发展机遇。换言之，先锋者为成功者奠定了基础，它们在生命的高度上应该是一致的。”

在钟扬心里，高山雪莲就是他的人生坐标，激励着他在青藏高原的这条科研路上继续攀登，不断填补我国相关研究的空白。

16年间，钟扬带着团队不断寻找新的高度。

陡坡直上直下，他在跋涉。不管多远多危险、高原反应多严重，只要对研究有帮助，他就带着学生，从林芝、日喀则，到那曲、阿里，一株一株地采集植物标本和DNA样品。

月亮弯了又圆，他的灯火不熄。西藏巨柏长在雅鲁藏布江两岸的悬崖边上，他带着学生爬上陡崖，脚下就是滚滚江水；沙棘的种子难采，钟扬采得最多，扎了满手的刺。

阿里有一片无人区，被称为“世界屋脊上的屋脊”，平均海拔4500米以上，气候寒冷干燥，平均风速在每秒3.2米以上，是任何有氧生物难以生存的绝境。

有人劝钟扬，别去阿里了，那里海拔太高、生活条件太苦，而且物种较少，辛苦一天只能采几个样，不划算。钟扬却说：“正是因为别人都不愿去，阿里地区肯定还有未被发掘的特有植物，哪怕再苦，我们也必须去！”

钟扬深知，在无人区每发现一个新物种，对国家而言都是无价之宝。

有人问钟扬，如果不去西藏，留在上海专心搞研究、发论文，是否会有更多成就？

“也许是吧。”他说，“先锋者为成功者奠定了基础，他们在生命的高度上应该是一致的。这就是高山雪莲给我的人生启示。”他更愿意做这样的先锋者。

“生命就这么长，要把最宝贵的时光献给祖国最需要的地方！”

16年来，钟扬带着学生初步摸清了西藏生物资源的分布特点，西藏植物研究的空白一点一点被填补，多个物种的遗传多样性、保护生物学、谱系地理等领域研究也越来越深入……

钟扬团队采集的高原香柏，已被提取出抗癌成分。钟扬带着学生扎西次仁花了整整三年时间，将位于青藏高原的全世界仅存3万多棵的巨柏登记在册，筑起一道坚固的保护屏障。

钟扬带领西藏大学生态学学科，从“一穷二白”到入选国家“双一流”建设一流学科，填补了西藏高等教育的历史空白……

03

以学生的名字命名的植物学界小白鼠

2013年底，在复旦大学忙碌了一阵儿的钟扬又赶到了西藏。他先是去开学校的学术会议，然后又和学生讨论论文的事情，一忙就忙到了半夜。

但他还惦记着另外一件事。

“许敏，采集拟南芥的事情有什么进展？”

“钟老师，我们找到了！”

“找到拟南芥了！什么时候的事情？”

“我和赵宁，今年9月份的时候找到了！”

“你看你这孩子，这么大的事情怎么也不跟我说一声啊！”

“钟老师，是这样，我们还不敢最后确定，所以正在做染色体鉴定，打算等结果出来，证实是拟南芥以后，才正式跟您汇报呢！”

“赶紧把现场照片发来，我看看！”

照片里，一种细长而直立、看上去并不起眼儿的绿植，静悄悄地藏在山石和荆棘之间，钟扬脸上泛出激动的笑容，久久不能平静……

拟南芥，冬性一年生植物，一尺来高，秋季发芽，冬季开花，春季分化，夏季落种。它是植物学家珍爱的“小白鼠”，因为它是被子植物的模式植物①，可用于培养皿灭菌条件下的突变体筛选。用科学的表述来说，它可以完美地用来进行实验设计，在人工控制的诱变条件下，测试和记录拟南芥的生活力。尤其是在分子水平的观测分析中，经常需要运用基因工程的方法获得转基因植物，而只有拟南芥这样适应无菌条件的植物，才能让有外源基因的个体存活，淘汰未转化的组织。

拟南芥曾在二十世纪五十年代被编入《中国植物志》。然而在基因技术应用之后，由于没有人在青藏高原采到过它的样品和种子，无法对高原拟南芥进行基因组测序和深入分析。谁

注①：生物学家通过对选定的植物进行科学研究，用于揭示某种具有普遍规律的生命现象。此时，这种被选定的植物就是模式植物。

一旦找到了这种植物，就掌握了植物逆境生物学研究的新材料，就能再现高原植物的起源进化过程。

在青藏高原海拔4000米以上的寒冷地带，到底有没有拟南芥？

如果在西藏发现了拟南芥，是不是就可以把它作为青藏高原隆起的证据？

一个个问题，让钟扬非常激动："高原拟南芥与世界其他地方的拟南芥已经分道扬镳了大约19万年，在基因树上是独特的一支，相当于'活化石'。它的发现将为我们填补过去19万年发生的许多故事，将丰富植物学研究材料。为了在西藏寻找它的踪迹，我们和北京大学、中科院等单位合作，一找就是10年。"

可这种植物学界的"珍宝"往往可遇而不可求。钟扬带着学生在青藏高原的无数个高山低谷间寻觅，却始终没有发现这种"小白鼠"的身影。

钟扬会放弃吗？

"科学就是要不断地尝试与挑战，你不多试试，怎么知道做不到呢？”

就这样，钟扬带着学生在无数山石缝隙和荆棘丛中寻找着这种若隐若现的“小白鼠”。

2012年，一次野外采样途中，钟扬和学生意外地发现了拟南芥的一种近亲——须弥芥。

“我们找到了须弥芥，我们有希望了！拟南芥的生存环境与须弥芥相似，我们很有可能找到西藏特有生态型的拟南芥！”

于是每到周末，钟扬就会带着学生去拉萨周边的山上寻找拟南芥。他因为工作不得不回到上海之后，仍然每周叮嘱自己在西藏大学的学生许敏和赵宁等人继续按照之前商量的方案寻找。但是一年过去了，很多学生一无所得，想要放弃。就在这个时候，许敏在一次野外采集中有了新的发现。

2013年9月，西藏大学。

“你猜我在羊达乡找到啥了？”许敏在实验室找到赵宁，兴冲冲地跟她说。

“你说嘛，别卖关子。”

“我发现拟南芥了！”

“真的！什么时候？”

“就是上次我去羊达乡采样的时候啊。”许敏一直在做一个“拉萨河流域的植物多样性”的课题，所以经常到拉萨周边的高山上做野外采集工作。

“你确定吗？”

“我都拍了照片了啊，你要是感兴趣，咱们过两天一起去一趟。”

过了几天，许敏和赵宁出发了。

羊达乡，海拔4150米的高坡。

陡峭的山坡上，满是蔷薇的荆棘，稍有不慎，手就会被蔷薇的倒刺割伤。许敏和赵宁两人一边四肢并用向上攀爬，一边用剪刀剪掉路上的荆棘，在荆棘丛中艰难穿行。

“许敏，拟南芥在哪儿呢？”

“我印象中就在前面，再坚持会儿啊！”

海拔越来越高，两人的喘气声也越来越重。赵宁觉得自己心跳加速、头脑发沉，可让他们两人魂牵梦绕的“小白鼠”却怎么也找不着了。

“许敏，你不是骗我吧！这都快到山顶了！”

“我发誓！我上次大概就是在这个地方看到的！我们再仔细找找吧！”

夕阳西下，狂风大作，荆棘遍布，四下一望，眼前满是旷野无边的沉默。

“许敏，已经到顶了……”此时的赵宁再也没了上来时候的力气，一边翻着白眼，一边有气无力地抱怨着。

“怎么会是这个样子啊！”许敏也很沮丧。难道上次的“小白鼠”真的会跑？

时间不早，两人短暂休息后，准备下山。

上山时的路找不着了，脚下全是密布的荆棘，荆棘下面就是黑暗的深谷。两人只好拿着剪刀，从包围山体的荆棘中辟出一条刚刚容得下一人通过的小路，从荆棘之间钻了过去。

钻了一半，许敏突然停了下来。

“你干吗呢？”

“拟南芥！赵宁，是拟南芥！”就在这条小路边上，一棵一尺来高的小草悄悄在风中摇摆。

如果不是许敏提醒，赵宁或许发现不了这么不起眼儿的植物。他们小心翼翼地拍照、采样，一天的疲惫、烦躁，此刻都消失得无影无踪了。

植物界的“小白鼠”拟南芥

钟扬听到这个消息，欣喜若狂。复旦大学生命科学学院教授杨亚军至今仍然记得当时钟扬得知这一消息时的情景：“他听到消息后非常激动，告诉我们这是一个怎样的重要发现，有什么价值，激动之情溢于言表。但同时他让学生再将现场照片发来，仔细比对，确认后，又进行染色体鉴定等相关验证，才发布信息。这种科学上的严谨精神，令人钦佩。”

钟扬随即把这种新发现的青藏高原拟南芥命名为“XZ生态型拟南芥”，“XZ”取自许敏和赵宁的姓氏拼音缩写，同时也是“西藏”首字母的组合。

钟扬心想，只要他有时间，一定要爬到这座山上亲眼看一下植物界的这种“小白鼠”。

2014年国庆节前夜，西藏大学。

“明天咱们去羊达乡，采拟南芥！”钟扬忙完一天的工作，筹划着第二天的“探险”。想亲眼看见“小白鼠”的愿望，一直藏在他的心里。

他把许敏和赵宁找过来，告诉他们第二天的计划，却被两个学生当头浇了一盆冷水。

“钟老师，这座山又高又陡，您爬不上去的，您还是别去了。”

钟扬一听，不觉有点不高兴：“你们能爬得上去，我怎么就不行？”

第二天，在钟扬的坚持下，一行数人再次向羊达乡的这座荒山进发。正爬到半山腰的时候，天不作美，下起了大雨。

蔷薇的倒刺被雨水一刷，显得更尖更利；山上的石头被雨水一冲，又湿又滑，一把抓不住，脱了手就有可能摔下山去。

“钟老师，今天天气实在不好，要不咱们改天再上来吧。”

“都爬到这儿了，怎么能半途而废？”

此刻，钟扬那股不服输的倔劲儿又上来了。学生们拗不过他，只得看着他拖着笨重的身子一点一点往上爬。

钟扬的学生刘天猛也一起同行。

刘天猛至今无法忘记钟扬带着他们寻找野生拟南芥的身影——钟老师走在前面，大雨把他的衣服都打湿了，可他还是一边大口喘着气，一边带着一群学生往上爬，不放过岩石间的一条裂缝，不放过峭壁旁的一棵小草。

“他就是要带着我们往前走，一直往前走。”

拟南芥带给钟扬的欣喜远不止这份采集的执着。经过基因检测，钟扬又有了新的发现——西藏拟南芥为目前世界上所发现的野生拟南芥的基部（原始）群体。这是一种土生土长的高原拟南芥，青藏高原的拟南芥最后一次与世界上其他拟南芥分开的时间，大约是在19万年前。

由于拟南芥这一模式植物的极端重要性，青藏高原高海拔拟南芥群体的发现对于研究植物对于极端环境的适应性具有重要意义，也引起国内外植物学界高度关注。

很多人都通过各种方式表达了他们的关切：如果把这种从书本中走出来的珍贵“小白鼠”应用到实验中，应该能帮助产出很多新的研究成果。但是按照他们的经验判断，一般遇到如此重大发现，发现者都会将成果牢牢攥在手里，自己“闷声发大财”，鲜与外人分享。

就在此时，钟扬做了一个出人意料的决定——他将新发现的“XZ生态型拟南芥”无偿提供给全球科研机构。

学生赵宁起初很不理解，因为这种发现非常难得，如果不是钟老师这么执着，带着学生们一起找，别人是发现不了的。

既然是如此重大的发现，一般人都愿意自己去做实验，这样可以产出很多自己独有的成果，而不是跟别人分享。

但后来，钟扬的一句话点醒了他们：“发现高原拟南芥，这是西藏的馈赠，也是大自然的回报，我们应该与人分享。”

于是，钟扬把拟南芥的这个全新品种带回了上海，成功进行了繁殖。随后，从北京到广州，从中国科学院到中山大学，从欧洲、美国到日本，中国西藏的拟南芥开放在世界各地，高原拟南芥的发现，也永载科学的史册。

拟南芥的故事，是钟扬在青藏高原上漫长采集岁月中的一个缩影。从藏北高原到藏南谷地，从阿里无人区到雅鲁藏布江，钟扬和他的团队足迹跨越海拔落差4000米，忍受着各种高原反应，在人类盲区里寻找生物进化的轨迹，4000万颗种子就是这么一点一点采集的。

钟扬曾把自己比作裸子植物，像松柏一样，生长得慢却刚直遒劲。钟扬的科学精神、奉献精神、敬业精神，如种子一样播撒在无数人的心田。

04

凌晨3点的闹钟

2015年5月2日晚，一向精神百倍的钟扬倒下了。

这一天正好是钟扬的51岁生日。上午，钟扬胡乱吃了一点饼干，赶到复旦大学1号楼，参加自主招生考试的面试。面试结束，天下起了倾盆大雨，大家吃了盒饭就散了。

中午12点的时候，一种从未有过的疲倦向他袭来。钟扬心里想，真的该好好休息一下了。可下午的时候，钟扬又赶到小儿子钟云实的学校看望他，小儿子当时正在上海的西藏中学读书，也是全校唯一的汉族学生。

下午3点多回到家后，钟扬又赶紧拿出复旦大学与西藏大学合作协议的草案，一字一句地校对。

傍晚，他接受朋友一家人的邀请，去参加他们为自己举办的生日聚餐。浦东又开始下雨，微风吹拂之下，雨丝轻轻浅浅地滴落下来，一切是如此惬意。7点整，东方财经·浦东频道开始播放采访钟扬的节目，一桌人顿时活跃起来，对这天的主角钟扬又是调侃又是祝贺。

突然，钟扬的身体发生了异常，钟扬想拿起筷子夹菜，可不知是手滑还是什么缘故，一根筷子掉在了地上。服务员给钟扬拿来一副新筷子，钟扬接过这副筷子，却发现再也握不紧了……

更危险的事情发生了。钟扬发现自己的右腿开始麻木，像是灌了铅一样沉重，手机嗡嗡作响，很多朋友发来生日祝福，钟扬想拿起手机来回复，但是右手已经完全不听使唤，手机没拿稳，掉在了地上。左手握着的筷子再次掉在了地上。

在座的一位医生朋友发现了异样，怀疑是脑出血症状，赶紧驾车把钟扬送往上海长海医院。

时钟很快转到了晚上9点，在长海医院的急诊室里，钟扬躺在墙角的一张床上。在意识模糊的瞬间，世界在周身无止境地旋转，钟扬似乎已经感受到体内密密流淌的鲜血……他知道自己早该休息了，却不知道会是以如此吊诡而危险的方式。

这一夜，是钟扬内心极度狂乱的一夜，他没有做好任何思想准备，工作上留下的报告如何继续？会议报告如何撰写？出发前要跟学生谈些什么？这一切还没来得及做好交代。

钟扬就像一条在海中不知疲倦地畅游的鱼儿，一下子被抛到了沙滩上。这夜，钟扬血压在200左右，护士也没有办法帮助他，只能希望出血点能止住，不要再扩大。钟扬右边的手脚已经不听使唤了，他费力地跟身边的人说话，可人们却听不清楚他在说什么。

大儿子钟云杉来了，躺在病床上的钟扬突然发现，他已经长成一个阳光、健壮的大小伙子了。眼前的情况把钟云杉吓坏了，他默默地守着父亲不肯离开。钟扬为了安慰他，用还有知觉的左手摸着钟云杉的头顶，两个人静静地待在一起。

小儿子钟云实给父亲打了一夜的电话，却没有人接听。他无法想象，5个小时前还乐呵呵的父亲，转眼到了一个陌生的医院，成了一个病重的病人。

而此时此刻，钟扬像陀螺一样不停旋转的工作节奏，终于有了一瞬间的骤停。

2015年5月2日夜，上海长海医院诊断结果出来：脑出血。

一阵手机铃声，惊醒了当天在陪夜的学生徐翌钦。

是凌晨3点钟。

“谁这个时候打电话？”

找到钟扬的手机，才发现原来是闹钟。

第二天，徐翌钦好奇地问钟扬：“钟老师，您为什么给自己在凌晨3点钟设置了一个闹钟？昨天夜里还吓了我一跳……”

钟扬的回答让徐翌钦愣住了：“这是用来提醒我睡觉的闹钟啊。”

徐翌钦好像突然明白了，钟扬肩上的一副担子，有着他想象不到的重量。他多少年如一日每天坚持工作20个小时，在这20个小时内他为了节省时间，用5分钟解决一盒盒饭，抓紧开会间隙的时间打个盹，他用自己的“负重前行”换来了无数个“第一”：他指导西藏大学申请到历史上第一个国家自然科学基金项目、第一个生物学硕士点、第一个生态学博士点、第一个生物学教育部创新团队，帮助西藏大学培养出第一位植物学博士，带领西藏大学生态学学科入选国家“双一流”建设一流学科名单，填补了西藏高等教育的历史空白，将西藏大学生物多样性研究成功推向世界……

钟扬的坚守，远比我们想象的要难得多、苦得多。

抢救后的第三天，钟扬还没有度过危险期，仍旧在重症监护室观察，可他满脑子里全是工作。

正好此时学生赵佳媛来看他，他就让她打开电脑，自己口述了一封交给党组织的信。

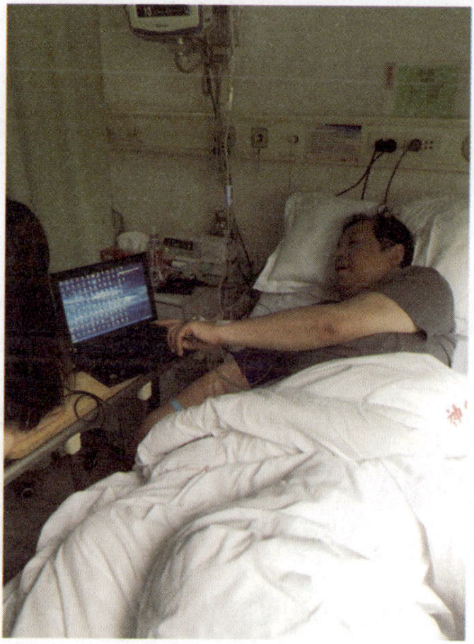
钟扬在病床上仍继续工作

在信里，钟扬写道：“西藏是我国重要的国家安全和生态安全屏障，要建设一个长效机制来筑建生态安全屏障，关键是人才队伍。”钟扬建议开展“天路计划”，专门从事青藏高原生态屏障建设。

回顾自己十几年如一日的高原经历，钟扬不禁感叹，也许自己的身体再也不允许自己上雪域高原了。他在信中写道：“14年的援藏生涯对我而言，既有跋山涉水、冒着生命危险的艰辛，也有人才育成、一举实现零的突破的欢欣，既有组织上给予的责任和荣誉为伴，也有窦性心律过缓和高血压等疾病相随。就我个人而言，我将矢志不渝地把余生献给西藏建设事业……”

住在重症监护室里，钟扬不敢看书工作，担心医生会批评他。他总是趁学生来看望他的时候，悄悄布置工作，有时候还要学生拿出电脑记下来。有一次赵佳媛来看他，刚刚拿出电脑，碰巧被护士看到了，被狠狠骂了一顿：“这是重症监护病房，旁边那么多仪器，你拿个笔记本过来看一个患重病的病人，你觉得这样合适吗？”赵佳媛恨不得哭出来，看着躺在床上的“罪魁祸首”，半天说不出话来。她多么希望自己的老师能够安心休养，不要再操心工作的事情，可是她知道，老师就是一个闲不下来的“工作狂”啊……

2015年5月15日下午，钟扬出院，重新投入工作，而此时半身不遂的他甚至连午餐盒都无法打开。他的身体也已极度虚弱：长期的高原生活、过高的工作强度、严重不足的睡眠，使钟扬出现心脏肥大、血管脆弱等种种症状，每分钟心跳已经到了临界值，只有40多下。

医生对他下了三个禁令：不再喝酒、不坐飞机、不去西藏。

没想到，才过一年，他不顾医生告诫，再次走上高原路……

05

戒不掉的西藏

听说钟扬突发脑出血，身在武汉的好友王有为很着急。本来他想立刻去上海探望，但手头工作使他一时脱不开身，等到他到了上海，钟扬已经出院了。

王有为本以为钟扬会好好地待在床上静养，谁知道他身体还没大好，整个人就已恢复到正常的工作状态：给学生指导论文，参加复旦大学和研究生院的重要会议……

“你怎么一点儿也没消停啊？”钟扬看上去比以前憔悴多了，王有为看到他又恢复到这种随时随地争分夺秒的状态，不禁为他的身体担心。

“让我在床上躺着我难受啊，好多事情都耽搁不了。”

“你怎么就算不过来账呢？你这次脑出血，就是身体发出的一个预警。”王有为知道，钟扬患有多种高原病，平时进藏又没有什么防范，他一直担心他在青藏高原上一个绷不住出什么事情。

“你看我这不是都没事了吗？”

“医生怎么说的？”

“医生就说不让喝酒，不让坐飞机，也不让进藏了。”

“那就好，你这次可得吸取教训了吧。”

“是啊，我把酒都戒了。”

“戒了酒是应该的，西藏你以后也别给我去了。”

“嗯，我知道，短期内肯定不会去了。”

“短期内？意思是你以后还要上去？”王有为的声音顿时提高了八度，他难以置信，一个刚刚和死神搏斗过的人，怎么还想着做这么危险的事情？

“以后再说以后嘛。”钟扬说得有点心虚。

“以后再说以后？你知不知道为什么你脑血管会破裂？就是因为你的心脏搏出来的血压压力太大了。你年轻的时候身体可能还能承受下来，但你年纪也越来越大，血管越来越脆弱，它就会受不了那个压力，就会破裂。这次你算是有惊无险，你还想有下一次？我跟你说，你再也不许进藏了，进藏就有生命之忧，特别是西藏的医疗条件，你即使是个健康的人，野外采集都去些荒无人烟的地方，离医院太远，心血管系统、脑血管系统的毛病也没办法治，你知不知道？”

“哎呀，有为你别激动嘛……”钟扬见王有为情绪激动，赶紧安抚他。

“不是我激动，是你要搞清楚自己现在的状况啊！我说句不好听的，你真的为了进藏连命也不要了吗？”

“有为，你说的道理我都懂，但是我戒得了酒，就是戒不了西藏啊，我不去心里就痒痒，不去就觉得好像做什么事儿都提不起劲儿啊……”

王有为愣住了。他知道钟扬去西藏不单单是为了做科研，他有一种情怀在里面，但他不知道钟扬对青藏高原的感情已经深到这种地步，仿佛那种情怀能够让钟扬承受身体所不能承受的极限，忍受身体所不能忍受的病痛。

王有为只得转了话题：“好吧，进藏的事情我们先不说了，医生给你开药了吧？我看看是什么药。”王有为是研究药学出身的，对老朋友吃什么药自然上心。

“哎呀，真不好意思，我今天出门急，把药给落在家里了。”

“你把药落在家里了？那降压药你也没按时吃？”

钟扬被说得有点不好意思：“哎呀，你好不容易过来一趟，怎么感觉好像兴师问罪来了？”

“我不知道你吃的什么药，但是你血压已经很高了，你还不吃，你知不知道这有多危险？你其他的脏器都会受损伤。”

钟扬只好一一答应下来，然后赶紧转换话题，聊点工作上的进展。

王有为心里默默叹了口气。他知道钟扬没坚持吃药，一来是因为他记不住，他总是对自己的事情不大上心。二来钟扬曾经说过，这种事情是双刃剑，如果自己老靠吃药来撑着，就永远适应不了高原上的那种环境。他为了能让自己的心脏锻炼得适应高原的环境，所以才没有按时吃药。

王有为知道钟扬的想法有点太不符合实际了，一来不吃药本身就会有风险，二来钟扬是一个中年男人，对高原适应能力的可塑性已经很小了，他却还是要坚持去适应。他只好又嘱咐了几句按时吃药、注意身体的话，心里却觉得这样下去真的不是办法。

钟扬的出差频率又恢复到了之前的状态。2015年11月，钟扬在成都参加国家教学平台的会议时，碰到了同在西藏大学援藏的刘星。

刘星是2015年到西藏大学的，在西藏大学理学院对口援藏，为期一年。但在2015年11月时，中组部第八批援藏工作开始启动，西藏大学就希望刘星能够继续留下来，为藏大生物学硕士点、生态学博士点以及一流学科建设贡献力量。

当天晚上，刘星到钟扬房间找到他，想征询一下钟扬关于第八批援藏的意见。

“钟老师，有个事情想来请教您，现在中组部开始启动第八批援藏的工作了，藏大这边的意见是希望我能留下来，继续推进生物学和生态学的学科建设，您觉得呢？”

“刘老师，这是好事儿啊。我在这边已经有很长时间了，也建起了一些团队，你在这边研究的不也是生物多样性以及生物进化吗？我这边有一些独特的资源，都可以帮到你。”

刘星一听，一股暖流淌到心头，他感到钟扬身上有一种奉献精神在鼓舞着自己，并且期待着自己跟他并肩作战。

正想着，钟扬那边来了电话。

是钟扬的母亲。

刘星隐约听到电话那头的声音：“扬子，你身体不好，别又上（西藏）去了。”

钟扬连声答应：“放心，放心……”

钟扬跟母亲絮絮说完，挂了电话，叹了口气，但转头就跟刘星说：“刘老师，其实我自己也已经想好了，我还要留下来，当第八批援藏干部。”

刘星闻言愣住了。他知道钟扬5月份的时候刚刚突发脑出血，这才刚好没多久，又要上去？

“钟老师，您不是刚好吗？您把身体养好了，可以上西藏，但第八批援藏干部意味着您要像以前一样两地跑，哪头都不能耽误，这么连轴转，我怕您的身体……”

“刘老师，我已经想好了。还有，西藏大学的博士点要评估了，需要多一些懂专业的人一起推动，我还是希望你能留下来。”

刘星被钟扬的精神感动了，钟扬的话让刘星下定了决心，留下来为西藏大学一直干下去。

2016年6月的一天，晚上8点，成都双流机场。

钟扬的手机突然响了。

“扬子，你干吗呢？吃饭了吗？”是父亲钟美鸣。

钟扬顿了一顿，只好说：“在外面呢。”

正是机场客运高峰，广播声、喊叫声、行李在地上拖动的声音……无数种声音汇集在一处，传到手机的另一端。

“你在哪儿？”钟扬那边嘈杂的背景声引起了老父亲的怀疑。

钟扬略微迟疑，还是说：“我在成都。”

“你怎么跑到成都了？”

“你说话啊扬子，你是不是又要去西藏？”

“哎呀不是，爸你就别问了……”

“你可别瞒着你爸妈。你知道你妈身体也不好，经不起折腾了，你要是想让她舒舒服服地在家里好好歇着，你就别去西藏了！”

“哎呀，知道了。爸，我这里还有事儿，先不说了哈。”

钟扬没等父亲回音，就挂了电话。

他的手上拿着的，不是机票又是什么？

成都—拉萨，21:05，TV9882。

钟美鸣的直觉一点也没有错。就是在这一天，钟扬又从上海经成都，转飞西藏。

从此直到生命的尽头，钟扬密密麻麻的日程，又和青藏高原上的山水草木、西藏大学的学科建设紧紧捆绑在了一起。

钟扬再一次回到了西藏大学。

西藏大学理学院教授拉琼眼前站着的，是一个虚弱的人，在烈日暴晒下，眉头紧锁、吃力喘息、走路不快，身上

身着藏袍的钟扬在采种子

穿的还是那条29块钱买的牛仔裤。

拉琼本来要问他："钟老师，你不要命了？"可话到嘴边，又硬生生咽了回去。

看着拉琼欲言又止的神情，钟扬反而笑着宽慰他："你看，我这不是好好的吗？我戒得了酒，就是戒不了西藏啊！"

他连酒都戒了，就是戒不了西藏！

拉琼突然觉得，眼前站着的这个人是一个战士，与雪域高原的恶劣环境、与自己的余生战斗的战士！

这一次来，钟扬还是为了西藏大学生态学学科建设的事情。“还有很多事情要做，有些事情还得继续推动。”

复旦大学生命科学学院副教授南蓬了解他：“他脑出血后，几乎所有人都认为经过这次大病，他会放慢工作的脚步。可是后来，他不仅没有放慢，反而加快了。他说他有一种紧迫感，希望老天再给他10年，让他把西藏的人才梯队真正带起来。”

复旦大学生命科学学院教授卢宝荣知道，钟扬早已把生死置之度外。“对于援藏、对于科研，他的执着让常人难以想象。他是一个冲在前方的战士，同时又是一个收拾战场的人。西藏大学学科建设的新局面和他密不可分，如果他撤下来才是不可思议的事情。”

钟扬曾说：“高原反应的危害要5年到10年后才显现，我有一种紧迫感，希望老天再给我10年时间，让我把高原种子和西藏的工作继续做下去。”

钟扬在西藏大学有一个外号，叫“钟大胆”，是因为很多西藏本地人都不敢做、做不快的事情，他都能付出更大的艰辛去把它做好。

“他哪里是‘大胆’，他是在拿命换科研啊！”拉琼说，“人的生命只有一次，钟老师一年的奔波，能超过一般人10年甚至20年走过的路。他就是这样一位先锋者，科研、教学、管理、科普……他涉足的每一项工作，都做出了卓越业绩。”

在钟扬心里，他也早已把勇当“先锋者”作为自己奋斗的目标。

“先锋者为成功者奠定了基础，它们在生命的高度上应该是一致的。”钟扬说，“当一个物种要拓展其疆域而必须迎接恶劣环境挑战的时候，总需要一些先锋者牺牲个体优势，以换取整个群体乃至物种新的生存空间和发展机遇。”

由于多次患病和常年奔波造成的疲惫，钟扬的心跳每分钟只有40多下，这已是人体生理的极限。

但在他灵魂中跳动的那颗赤子之心，没有极限。

第四章 『我是一颗蒲公英的种子』

01

毫无征兆的清晨

清晨5点，天色微明，学校帮钟扬约好的出租车到达宾馆门口时，钟扬已经在门口等候。

夜里钟扬只睡了两三个小时，刚上车，钟扬嘱咐了司机一句："银川国际机场，注意安全。"

钟扬不太放心司机，就在后座上跟司机闲聊了几句，发现司机精神状态尚可，一路畅通，天色也亮了起来，多少放下心来，接着困意渐渐袭来，一会儿就睡着了。

意外毫无征兆地发生了。根据警方通报："这起车祸发生在鄂尔多斯市下辖的鄂托克前旗，时间为25日清晨5点至6点间，当时钟扬所乘车辆与一辆铲车相撞，造成一人（钟扬）死亡。"

阳光照在路旁的土黄色铲车上，风骤起……

越来越多的人赶来了，救护车赶来了。

伤者被从车里抬了出来。那个熟悉的双肩包还在车的角落里，肩带早已磨破，已经用了不知多少个年头，里面装着厚厚一沓纸，那是钟扬还没来得及写完的一部关于植物学家登山故事的剧本。

人们把伤者抬到救护车上时，一张被血染红的纸从伤者的衣兜里掉了出来，上面用凌乱的笔迹记录着：

① 国庆节去北京，找孙燕荣，做讲座。

② 高阶论文写作班开班。

③ 26日下午，研究生院党课，黄大年。

④ 黄梵，CA3936，9月29日17:05，贡嘎机场。

02

“生命换来的钱，用在爸爸的事业上”

在去银川的路上，张晓艳默默抚摸着大儿子钟云杉。沉默的她内心在经历着痛苦挣扎：怎么告诉孩子父亲再也不会回来的事实？

钟云杉反复地问：“到底怎么回事？为什么我们要去银川？”

没等到张晓艳回答他，云杉很快从铺天盖地的媒体报道上得知事实……

“老爸，你知道你现在在哪儿吗……”

这是钟云杉发给爸爸钟扬的一条微信，时间是9月27日凌晨1点。这句话后面，哭泣的表情铺满了整个屏幕。

这是爸爸钟扬离开的第三天。这个时候，钟云杉正守在他的灵前。发完这条微信，钟云杉跑到水龙头边洗了把脸，他分不清镜子里自己脸上掉下来的是水珠还是眼泪。

他随后又在QQ空间悄悄写下：也许在另一个平行宇宙，

父亲随手把包放到副驾驶后面的座位上，然后坐到了司机后面，接下来就是……

小儿子钟云实是由山东省昌乐二中直接飞银川的，飞机从青岛转飞北京，再飞银川。至亲之人的惊天变故，对于一个玩转互联网的孩子来说，是根本瞒不住的。9月26日这天，张晓艳就收到了朋友发来的一张朋友圈截图，是钟云实在朋友圈里写下的一段话：21号的电话没想到是最后一次听到你的声音，（8月）31号在山东最后一次见面，9号你给我过了最后一个生日。爸爸一路走好，对不起，孩儿不孝……

钟云实把这条朋友圈对张晓艳屏蔽了。他还没想好怎么跟妈妈谈论这次痛彻心扉的离别。但他更愿意相信，爸爸只是出了差，去了一个他找不到的地方。

张晓艳看到这条朋友圈，心里一阵绞痛，她打电话拜托同机前来的复旦大学青岛研究院副院长刘振鹏一路多多照顾。

在飞机上，刘振鹏有意不跟钟云实聊起钟扬，可此时此刻，话题不涉及钟扬何其之难？

当头等舱的乘务员拿着一盘简餐、一盘水果、一点点心走过来的时候，钟云实愣了一下，转头跟刘振鹏说："刘叔叔，原来头等舱这么好啊？我爸爸从来没坐过头等舱，我也没坐过头等舱。"

刘振鹏顿时眼里一阵酸涩，他强忍泪水，笑着跟钟云实说："小毛，你吃一点东西。"

可钟云实摇了摇头："我还是不吃了。"

他停了停又说："我爸爸不让我过这种奢侈的生活。"

直到下了飞机，见到满眼的花圈与挽联，钟云实才开始不得不面对一个事实：父亲真的已经不在了。

钟扬离去后，钟云实执意去爸爸在西藏的宿舍看看。他说，他想一个人在那里待着，那样离爸爸近点儿。

钟扬的宿舍还保持着他离开前的样子。

进门处的置物架上放着三把修剪植物枝叶的钳子，还有胶带、小剪刀和几卷塑料袋，紧挨着置物架的是一个衣架，上面挂着钟扬外出采种子的"套装"——褪色的宽檐帽、牛仔上衣，还有他最经典的黑色书包。

在房子的二楼，钟扬的卧室里有几条颜色泛白、磨出破洞、自己缝补过的牛仔裤。一旁放着的鞋子则沾满了泥垢，连鞋底都开裂了。就是靠着这些行头，钟扬在西藏从事异常艰苦的植物采样工作。

钟云实默默地在爸爸的宿舍里，一个人待了很久……

“小毛，妈妈有个事情想问你。”张晓艳终于还是准备把最残酷的问题问出口。

“什么事情？”

“嗯……你爸爸的离去是个意外，因为这个意外，我们拿到了一笔赔偿金，一共有138万元……你看这么多钱我们怎么花比较好？”

钟云实一听怔住了，他从来没听妈妈提起过这么多钱。他低下了头，母子两人沉默而立，静默不言。

许久，钟云实抬起头来，一字一句地说：“妈妈，我想好了，我觉得这是爸爸用命换来的钱，我们还是应该用在爸爸的

一张多年前的全家福

事业上。”

张晓艳突然哭出了声。面对着钟云实悲伤却坚强的脸庞，许久的隐忍、委屈、痛苦与无助，无数种情绪此时集聚在心头，堵得她鼻酸眼疼，使她将这些情绪全部释放。这么多天，张晓艳每次哭，都是悄悄的，不敢出声音的。她生怕自己的声音打破半夜噩梦惊醒后的寂静，她怕自己的声音太大，那个相守了33年的男人就真的再也回不来了。

“小毛，你真懂事……你知道的，爸爸这么多年，一直坚持去西藏……就是为了给西部少数民族地区做贡献……我们把这些钱捐出来，虽然不多，但也是尽我们所能，为你爸爸未竟的事业做一点事，也是……完成他的一个遗愿吧……”

此刻，张晓艳紧紧抱住钟云实，像抱住了所有无可追回的时光与回忆。

张晓艳跟家里人商量后，把这笔赔偿金捐出来，成立了“复旦大学钟扬教授基金”，用于奖励沪藏两地优秀师生。“国家的教育事业是钟扬一生的牵挂。这是我们家人能为钟扬未竟的事业做的一点事，也是他所希望看到的。”张晓艳说。

2017年11月23日，感恩节之夜。宿舍已经熄灯了，钟云实还在辗转反侧。昨天夜里他又梦见了爸爸，他给自己过完了生日，好像刚刚才离开。

他揉揉眼睛，在朋友圈写下一段话：爸爸，感恩节快乐！您是儿子心中安全而温暖的靠山，累了的时候在上面躺一躺，就会让我精神百倍；爸爸，您是儿子心中那辽阔的海洋的彼岸，在岸的那头等待着儿子的归来；爸爸，您是儿子心中的太阳，那耀眼的光芒驱走了儿子心中的阴影。愿您在我看不到的地方能好好休息，别把自己累坏了。感恩您所给我的一切。

发完之后，他一直睁着眼睛想，是不是爸爸看到这条朋友圈，还会给他点个赞，竖起大拇指？

可他默默等待了许久，还是没能等到他想要的回答……

03

改变命运的一颗种子

2017年9月25日中午，拉萨。

西藏大学理学院教授拉琼像往常一样，来到钟扬在西藏大学的宿舍，帮他收拾房间。

钟扬29日回拉萨，是为西藏大学生态学科建设的事。四天前，西藏大学生态学科入选国家“双一流”建设名单，大家都特别兴奋，钟扬说要来学校商量学科下一步的发展计划。

此时，手机电台里正巧播放着钟扬录制的科普讲座“长颈鹿为什么会游泳”。拉琼正听得入神，手机铃声突然响了：

“拉琼，钟老师没了。”

晴天霹雳！

“谁说的？钟老师答应我们了啊！他29号还要回来开会呢！”

随后，电话不停地响起，拉琼看着房间里钟扬那顶褪色的卷檐帽，还有那件他最喜欢的藏袍，泪水夺眶而出……

2006年，拉琼在挪威完成学业回到西藏大学，认识了已经在西藏大学开展研究工作的钟扬。拉琼对当时和钟扬的交谈印象深刻："他当时提醒我，英语千万别丢，那是参与国际学术交流、掌握更多科研资料的关键，他还问我，要不要考他在复旦的博士生。当时我以为他是开玩笑，没想到他是认真的。"

于是，拉琼成了钟扬的学生，并在复旦大学学成后，又回到西藏大学从事植物学的教学和研究工作。

早在2002年，钟扬就帮助西藏大学的琼次仁申报国家自然科学基金，拉琼至今仍然记得当时的画面：钟扬常常一边插着氧气管，一边连夜修改琼次仁的申请报告。最终，这个项目成为西藏大学拿到的第一个国家自然科学基金项目，极大地增强了西藏大学老师们的科研信心，也极大地增强了西藏大学老师与钟扬之间的友谊。

当时，钟扬总说，西藏大学植物学的博士点不批下来，他就不走。可是当时，学校连一个理科硕士点都没有，植物学专业也没有教授，甚至没有一位老师有博士学位，拉琼和很多人一样，以为钟扬说的是一句大话。最终在2011年，西藏大学生物学一级学科硕士学位授予点获得批准；2013年，西藏大学生态学一级学科博士学位授予点获得批准，填补了西藏高等教育史的空白。如今，在教育部公布的“双一流”建设名单上，西藏大学的生态学位列其中，而曾与拉琼和其他同事并肩奋斗的人，却已不在……

藏族学生为钟扬献上哈达

钟扬曾说:“我想带出一批博士生团队，让西藏形成人才培养的造血机制。100年后我肯定不在这个世界上了，但我的学生们在，他们早晚有一天会发现那颗改变我们国家命运的种子。”

现在，这颗改变命运的种子，他们找到了吗?

拉琼说:“过去，我们大家都觉得国家项目对我们来说就是‘神话’，和我们不可能有任何关系。但是钟老师来了这些年，带领我们一步步走近‘神话’，还把‘神话’变成了现实。现在我们都觉得，我们不但能做国家项目，而且能做得很好。”

徐翌钦说:“钟老师留给我们的，是他的带动作用，他培养了一批学生，坚持探索生物的多样性和适应性。我们也想着在青藏高原植物适应性上做到前沿性的突破。”

复旦大学研究生院综合办副主任包晓明说:“钟院长总是加班到凌晨一两点，看着他办公室的窗户亮着，我心里就会感到温暖。

复旦大学研究生院副院长杨长江说:“我宁愿相信钟院长是

回到了属于他的雪域高原，回到了那个有雪莲和苍山的壮阔天地。钟扬生命的底色是暖色调，现在我们照常工作，尽量避免回味那份悲伤。在他生前，他充满了江湖豪情，快意恩仇，大气豪爽。当他离开后，如果他看到我们因为他而悲伤，他会不开心的。”

钟扬走后，西藏大学生态学科“双一流”建设今后的进展成为摆在面前亟待解决的问题。

扎西次仁如今虽已不是西藏大学的教授，但仍然积极为“双一流”建设的事情在上海和西藏两地奔走，一个一个去拜访复旦大学的教授，谈“双一流”建设的合作项目和研究生联合培养的事情。“这么做完全是为了钟老师这个摊子，我们要继续延续，不轻易放弃这个成果。”

他们所有人都相信，钟扬，就是那颗改变他们命运的种子。

04

边珍的秘密

9月25日一早，钟扬的学生边珍送英国牛津大学教授詹姆斯去浦东机场。他结束了短暂的复旦之行，准备从香港转机，返回伦敦。

出发时，边珍给钟扬发去了微信：“钟老师，我们已经在去浦东机场的路上。”

可等了许久，边珍等到的，不是钟扬的回复，而是朋友圈传来的消息：钟老师出事了。

9月26日一早，按照学校安排，边珍到钟扬的办公室里整理遗物。她发现，钟扬的电脑还开着，上面显示的是9月28日从上海至拉萨航班信息的查询页面。一切的迹象表明：钟扬只是去出差了，他什么时候应该就会回来。

电脑继续开着，边珍默默地整理着钟扬的办公室……

在学生们心里，钟扬是一个有魔力的人。他带给学生们的，除了人格魅力和科研上的思维方式，更多的是一种可能性，一种更广阔的视角，这就是人们平常所说的“脑洞大开”。

钟扬凡事喜欢问个为什么，熊猫吃竹子是大家司空见惯的事情，但是他却把这个现象作为一个科学问题在团队的组会上跟学生们讨论。

徐翌钦记得，钟扬在会上说，从进化生物学来看，大熊猫的亲戚们，其他的熊科动物都是肉食性的，而为什么唯独大熊猫主要以竹子为食？当时，同学们都被钟扬问得哑口无言，没想到这种常识性的现象背后有这么大的科学问题。

一年之后，大熊猫全基因组数据公布，钟扬就第一时间召集实验室的学生们进行相关研究。经过三个月的研究，终于发现大熊猫多巴胺神经递质调控代谢途径的基因对大熊猫食物的选择有重要作用，在机制上回答了大熊猫吃竹子这种常识性的问题。

徐翌钦说：“这种科学问题的讨论在实验室日常的组会中很

常见，钟老师总是随身带着很多小卡片，将我们与他在课题讨论中的闪光点和问题记录下来，在出差的飞机上与火车上反复琢磨，一旦灵感来了，就会兴奋得像个孩子一样把他的所思所想第一时间告诉学生们。”

在学生们的印象中，理科专业的教授往往期待学生术业专攻，而钟扬的思维方式就异于他人，他不会觉得科学研究是件必然的事，为了这件事就必须舍弃其他东西。

边珍想法多，钟扬很喜欢她这点。在墨脱的时候，边珍试探性地向导师透露了自己的创业计划，一个关于食品行业“互联网+”的企划。“听完后老师特别开心，说‘需要什么帮助尽管和我提’。我说了个框架，他就给我提了很多细化的建议帮助，比如通过参赛来认识些创业的人，拓宽自己的思路。老师的态度和我预想的很不一样，反倒一直鼓励，而且后来不时问起我进度。”

说起创业这件事，边珍自己会担忧很多，比如没有管理学、经济学的学科背景，没有相关的经验，不时怀疑自己是否

钟扬经常深夜工作

合适，是不是就应该墨守成规，做好本职工作。

老师告诉她：“要去尝试，只有尝试了才知道自己适不适合。”

“那做不了怎么办？”

“有我啊。”这样的对话常发生在师生之间。

在钟扬离去的很长时间里，边珍都接受不了钟老师已经不在了的事实。

钟老师办公室的灯总会亮到深夜。以往每次从钟老师办公室离开的时候，看到他的窗户亮着，边珍心里就觉得很温暖。

05

“种子事业”必将生生不息

“任何生命都有其结束的一天，但我毫不畏惧，因为我的学生会将科学探索之路延续。”

2018年11月16日晚，北京语言大学梧桐会堂。

灯光渐暗，主人公钟扬原声在现场响起，观众屏息聆听。

这是复旦剧社原创话剧《种子天堂》作为第六届中国校园戏剧节展演剧目之一在北京的演出。

什么是永恒的价值人生？钟扬作为一颗“种子”又给这个世界带来怎样的思索？根据钟扬生前事迹编排的话剧《种子天堂》来到北京，用倒叙的形式回顾钟扬在青藏高原攀登雪山、采集种子的感人故事，演绎他在西藏大学援建学科、培养人才的动人情景。

至此，这颗“种子”已经离开我们一年多了。

话剧导演周涛说，这部剧既是对钟扬的追忆、缅怀，也是对他的精神的传承、延续。他说,《种子天堂》旨在借天堂的无限空间,塑造钟扬在师生心中的形象。他希望能够通过这部话剧打动观众,让钟扬的“种子精神”延续下去。

观看话剧的北京语言大学外国语学院学生尚李军此前并不了解钟扬,但他在看完之后被深深打动。他说,印象最深刻的是“我是一颗蒲公英的种子”那场,让他对钟老师的“种子精神”有了更深的理解。

从一篇篇纪念文章,到一次次宣讲,再到一场接一场的话剧演出,钟扬的故事渐渐传开,教育界、科学界的同人认识了他,无数网友也认识了他。

“钟老师的故事已经讲了太多遍,但每参加一次他的事迹宣讲活动,我都会重新受一遍教育。”拉琼说,从前只看到钟老师在西藏大学所做的工作,而在宣讲中,才第一次有机会在其他人的讲述中梳理出老师生前完整的生活和工作轨迹。“在西藏,在上海,在北京……我们以为是他精力旺盛,实际上是他工作太多做不完啊!”

读书究竟是为了什么？复旦大学国际关系与公共事务学院博士生王鹏翔说：“钟老师不凡的一生给予了我这个问题一个最为准确的答案，那就是追梦与攀登。正如钟老师告诉我们的那样‘不是杰出者才善梦，而是善梦者才杰出’，我们应胸怀梦想，将自己的所学与社会发展、国家需求和人类命运相结合，要将个人发展与新时代的发展相结合。然而，追梦的过程就像钟老师一次次攀登过的青藏高原，道阻且艰。钟老师在西藏的坚守，告诉我们梦想并不是触手可及的，它需要我们用坚强的意志和坚定的信念去悉心呵护，梦想之花才能绽放。钟老师虽然已经离开了我们，但是他为这个时代留下的精神之光，将会指引着我们不断向前、奋勇攀登、追梦不止。”

有网友留言道：“在图书馆看完钟扬老师的纪念文章，多次忍住泪水。我们的国家需要这样为科学、为整个人类奉献和思忧的学者，需要这样争取一切机会为落后地区培育人才的先师。钟扬老师，您是少数民族人才前行的最好激励，感恩您的努力和奉献。愿您安息。”

纪念，是为了更好地前行。

中国科学院院士、中国科技大学常务副校长潘建伟说：“钟扬教授一生奔走在收集和播撒种子的路上，把科学的种子种进了孩子们心里。我和同事们将以钟扬的精神勉励自己，严谨治学、潜心探索，同时也坚持为提升公众科学素养做出努力。”

“基础研究离不开‘种子精神’，正如钟扬说的‘心里想的应是前人栽树，后人乘凉’。”中科院昆明植物研究所副研究员张建文说，科学家的工作不仅需要开创性，更需要不绝如缕的传承，钟扬采集高原植物种子，投身西藏大学学科建设和人才培养，在上海浦东南汇东滩湿地培植红树树苗等，从事的都是能够如“种子”一般延续下去的工作。“他个人的生命已经终结，但他开创的‘种子事业’必将生生不息。”

5 第五章 播撒希望的种子

01

钟式魔力

石头会不会开花？蓝莓和草莓是亲戚吗？爬山虎是怎么爬墙的？

这是钟扬给科普公众号录制的《植物家族历险记》音频故事，这个栏目每周都会分享一个植物小故事。这些故事多半是钟扬深夜在办公室录制的。

2017年9月，钟扬最后一次出差前，学生边珍处理了最新一期的录音。如今，原定52期的节目，永远停在了第48期。

2017年5月18日，国际博物馆日。

夜幕降临，上海自然博物馆地下二层中庭，在巨大的马门溪龙骨架下，钟扬神采飞扬地开始了他的科普讲座。如同手握一把神奇的科学钥匙，在手电筒的光照中，钟扬带领观众体验了神秘生动的“博物馆奇妙夜”。

连珠的妙语、憨厚的笑声，让钟扬在现场又收获无数“路人粉丝”，生态学研究的大门在粉丝们心中徐徐开启。

很多人在钟扬去世之后才知道，原来他在上海、西藏承担繁重的科研教学任务之外，还有这样宏大的“科普次元”。

义务科普，一做就是17年。每年，钟扬会举办30余场公益科普讲座，翻译、撰写、审校10余本科普书。连科普界的“网红”书《大流感——最致命瘟疫的史诗》，也是由钟扬牵头翻译的。

人们很诧异，致力于科学研究的钟扬，他的科普文章竟也如此好看，科普讲座也会如此好听。

人们不理解，堂堂一个知名高校的大教授，为何会在科普这样的“小儿科”上花那么多时间？

上海科技馆的学术委员、中学的科学顾问、新民科学咖啡馆的“金牌主讲人”、世博会的标本捐赠人……不管研究、教学工作有多忙，钟扬似乎从来都是游刃有余地转换着“科普达人”的角色。

学生们称他为科研大师中最会讲段子的科普达人。

钟扬先后参与上海科技馆、上海自然博物馆筹建，并作为学术委员会成员为场馆建设提供服务，承担了上海科技馆英文图文翻译和上海自然博物馆512块中英文图文展板的编写工作，“圈粉”众多热爱科学的青少年，就连他的实验室也一直对中小学生开放。

“老鼠到底会不会做梦呢？”

“小朋友通过什么样的生物实验来除掉菜地里的害虫呢？”

“长颈鹿在水中，不会像石块那样下沉，它能漂浮在水面上。但是长颈鹿的长脖子妨碍了它在水中游泳，不仅很难保持平衡，还会有生命危险呢。”

“自然界中有许多物种间存在变异的事实。在佛罗里达州沿岸的沙滩上，一种沙滩小鼠的毛色比生活在陆地上的小鼠的略显苍白。这是沙滩小鼠伪装自己的一种策略，因为猫头鹰、苍鹭等猎手很难将沙滩小鼠和沙滩区分开来。”

看上去信手拈来的小故事，背后总有鲜为人知的付出。

科普毕竟姓科，要让科普真正“入心入脑”，就要把普及科学知识与对生命价值的思考结合起来。在钟扬心中，科学不能像难以打开的坚果，虽味美却不易入口。科普教育者应该像松鼠一样，打开科学的坚硬外壳，将有营养的果仁剥出来，让人们能够领略到科学的美妙。

“一个小孩子很难靠几本书来准确地了解科学道理。不过，书中那些遥远的故事及其承载的有趣知识会随着时间的推移，慢慢渗透进脑海。这些似是而非的知识也许会与新的思想活动碰撞出火花，并以独特的科学气质展现出来。我相信科学能深入儿童的心灵，现在多一点兴趣，说不定以后就多出几个科学家。”

对于科普这一“特别”的能力，钟扬也毫不谦虚：“如果你很久不在科学一线工作，思想就脱离主流了。现在，一流的科学家一般不写科普文章，许多写的人科学思想又比较老旧；第二，科普的载体属于文学范畴，你的文学素养也要高。现在好多科学家写科普文章太直白。我知道做人要直，但写诗要曲。天上管写作的叫文曲星，不叫文直星。写科普也得有新意，这跟搞科研一模一样。”

在上海科技馆展览设计部主任鲍其洞的记忆里，17年来，钟扬总是时不时出现在科技馆或者自然博物馆的某个角落，有时是展区，有时是会议室。“每次来，他都带着特定的任务，只要我们找他，他几乎有求必应。”鲍其洞说。

走进钟扬科普活动的主战场——上海自然博物馆时，一般人很难想象，512块中英文展板上的文字都经他反复斟酌。文稿内容涵盖天文、地理、生物、人文等诸多学科，既要有文学性又要有科学性，很多也并非钟扬擅长的领域，难度可想而知。但就是展览中这些看得见的文字，也只是他和团队工作量的四分之一甚至五分之一。

2014年五一假期，别人都在放假休息，钟扬特意赶去上海自然博物馆加班修改图文展板，一直讨论到晚上。直到他的两个儿子来找爸爸，馆里的工作人员才知道那天是他的50岁生日。

钟扬为双胞胎儿子取名“云杉”和“云实”，这是在孩子出生前就已经想好的名字，一个是裸子植物，一个是被子植物。他还在复旦大学的论坛上发了一个帖子，开玩笑说："如果大家都喜欢用植物给孩子取名字，那就是最好的科普时代到来了。"

钟扬颇为风趣地在帖子里说起用植物给孩子取名的三个理由：一来花花草草那么多，植物志那么厚，要想重名都难；二

钟扬的 50 岁生日在上海自然博物馆度过

是不用动脑，就有一个外国人能发音的英文名和拉丁名，今后国际交往多方便；三是如果蔚然成风，会给分类学在社会上带来多大的影响啊。“最不济，就算我辈吵吵闹闹，恩恩怨怨，低头不见，抬头也只当没看见，到了孩子们那一辈，一看名字就像找到了组织，就能聚在一起说说这个的爹，那个的娘，该有多好。”

02

“有困难找钟老师”

“生命诞生以来，从原核到真核，从单细胞到多细胞，从海洋到陆地，简单与复杂并存，繁盛与灭绝交替，走向了一篇篇跌宕起伏的演化乐章，其间洋溢着生命诞生与繁盛的欢颂，伴随着物种灭绝与衰落的悲怆。”

这是钟扬为上海自然博物馆参与写作的数百个图文展板内容之一。细腻而又富有文采的文字，竟是出自钟扬这位看起来五大三粗的理工男之手。

上海自然博物馆筹建之初，上海自然博物馆图文项目负责人鲍其洞犯愁了：图文展板内容涵盖天文、地理、生物、人文等学科，文字要求兼顾准确性、前沿性、可读性，编写工作可谓要求高、回报少、时间紧、周期长的“烫手山芋”。上哪儿能够找到精通这么多领域的专家来把关图文解说呢？

鲍其洞四处联系了不少高校老师，可对方一听上海自然博物馆对图文展板的要求就都婉拒了，觉得自己达不到这么高的要求。就在鲍其洞一筹莫展的时候，同事支着儿了：咱们可以再找找钟老师啊。

钟扬和鲍其洞早有合作。在上海科技馆筹建过程中，鲍其洞为了英文展板的事情犯难，当时向钟扬求助的很多问题，总会得到他的肯定答复，所以鲍其洞和她的同事们就有了一句口头禅：有困难找钟老师。

这次，鲍其洞只好再次找到了钟扬，请他帮忙想想办法，如果能利用他在圈内的人脉帮忙牵线或引荐，就很感激了。

“钟老师，又有个事情想麻烦您了。我们现在正在筹建上海自然博物馆，我负责的图文展板这块内容目前还没有很好的想法，找了很多人都没人愿意接，想请您出出主意，或者您方便的话推荐一个人。”

“鲍老师，展板内容要做什么呢？”

“就是对自然博物馆里面的展品和衍生出来的科学知识做一个科普性的介绍。”

“那行啊，这个事情是上海的，我又是一个植物学家，那我就试试吧？”

钟扬这么认真地一问，鲍其洞一时间不知道该说什么。她知道钟扬要兼顾上海和西藏两地的教学和科研工作，工作非常繁忙，不到万不得已，她也不好意思麻烦他。可现在钟扬居然自己主动提出参与意愿，让鲍其洞又惊又喜。

“钟老师，是这样，这项图文展板的工作涉及的学科跨度非常大，我们设计的初衷是要求兼顾科学性、前沿性、可读性，如果您能承担起来，确实再好不过，可我们也知道您确实非常忙，又要上海和西藏两地奔波……”

“鲍老师，这个你放心，我会把编写图文展板工作当成一项重要的工作，保质保量完成任务。”钟扬笑着说。

可鲍其洞还有些犹豫：“钟老师，您误会了，我不是担心您不放在心上，而是这个项目需要占用您很多时间，而且可能前后战线加起来至少有两年，而且……”

钟扬看鲍其洞欲言又止，就非常坦诚地跟她说：“鲍老师，没事，有什么顾虑你都可以讲出来。”

鲍其泂只好说：“而且经费很有限……”

钟扬闻言不禁一笑：“鲍老师，我还以为是什么事儿呢，你不用跟我谈经费的问题，做科普是我们科研工作者的义务，我义不容辞。”

鲍其泂的内心被钟扬这句话击中了：“谢谢您，钟老师！我们又给您添麻烦了……”

钟扬爽朗一笑，只说了三个字：“没问题。”

在此之后，500多块图文展板的任务就落在了钟扬团队身上。虽然钟扬一年到头都是空中飞人，但他在负责这一项目的过程中毫不含糊，绝不是挂一个名、牵一个头，而是认真坐下来，和上海自然博物馆的工作人员逐字逐句地讨论。大到历史演进的概述，小到一字一词标点符号，他都一点一点地斟酌，唯恐有不细致、不准确的地方。

筹建时间十分紧迫。鲍其泂一听说钟扬哪几天在上海，就马上跟他约时间。而钟扬一般都会很爽快地跟他们讲，自己哪一天什么时间有空，可以过来讨论。因此，鲍其洞经常看到背着黑色背包的钟扬风尘仆仆赶来的身影，他经常是刚下飞机、刚开完会，或者讨论结束以后马上就要去机场。

在讨论的过程中，上海自然博物馆的工作人员再次被钟扬跨界的天赋所折服。作为一名科学家，他表现出来的不仅仅是知识的渊博和严谨，更有他深厚和扎实的文学功底。上海自然博物馆分为不同的展区，每一个展区的介绍，是整个展区主题的概括，非常重要。而所有的展区介绍，都是钟扬亲自和大家一起讨论出来的，他对展板的要求和上海自然博物馆工作人员的要求一样：既要有科学性，又要有思想性，还要有美学的韵味。

但钟扬又不是恣意卖弄的那种人。从很多方面来讲，钟扬都是一个权威人士，但是在讨论的过程中，他表现得非常谦逊，非常认真地倾听在座每一个人的意见，跟大家一起讨论。所有他参与的图文展板，只有在座所有人都说可以了，才可以通过。

钟扬展示他和团队设计的展板

钟扬的学生赵佳媛至今仍然保存着钟扬编写图文展板时的草稿。在一张张图文草稿空白处，满满的全是钟扬的字迹——那些工整的字迹，是钟扬在办公室里仔细修改的，那些凌乱的字迹，往往是在飞机、行车途中的批注。而即使是如此字斟句酌的图文，也可能在下一次讨论中因为有了新的知识点而被推翻重来。

上海自然博物馆里有一个“达尔文中心”展区，是一块展示面积小但集中反映许多进化理论的展示区域。钟扬对这一区域非常重视，专门抽出一整天的时间对这个展区的图文展板进行逐字逐句的审核，力求在这个展区内容上体现国际最前沿的进化理论和观点，希望展板能做到与科学发展的高度和速度同步。

位于生存智慧展区的兰花螳螂展项一度成了困扰上海科技馆展教服务处教育研发部主任徐蕾的难题。“虽然大家都知道兰花螳螂的拟态，但我们想要做一个景箱，高度仿真再现兰花螳螂的自然生存状态，这就涉及如何采集到兰花螳螂的标本，并复原真实生态环境下的其他生物物种，由于我们并没有去过兰花螳螂的产地，所以不了解具体的周边环境是怎样的。”钟扬了解情况后，马上查找兰花螳螂的相关资料，并且联系他的一位外籍本科生采集标本。

2015年4月，上海自然博物馆新馆正式开放，此时的钟扬也没有闲着，而是变身为志愿者，不但逢人推荐自然博物馆，更是自己到自然博物馆当起了义务讲解员。

不仅如此，上海科技馆主办的各项科普教育活动，比如上海科普大讲坛，以及“自博之夜”“未来科学”“达人带你逛”等科普活动，只要钟扬能抽出时间，一定会到场分享一堂生动的科普课。

2017年9月，上海科技馆科学传播与发展研究中心副主任宋娴因为上海自然博物馆的事情，再次找到钟扬。

“钟老师，打扰您了，我们又有个事情想请您帮忙。科技馆的一个展区里有两个基因室，这个您是知道的。我们现在觉得这两个基因室里面的内容比较旧了，想跟您讨论一下，看看怎么更新，不知道您方不方便？”

钟扬一听是科普的事情，满口答应：“没问题。”

宋娴听钟扬答应了，松了一口气，又不好意思地补充说：“钟老师，这两个基因室里涉及的内容比较多，而且这个项目也没有太多劳务报酬……”

钟扬依旧爽快地说了三个字：“没问题。”

03

“偏执狂”有一颗纯粹的心

万米高空上，CA3966，上海—拉萨。

“打开遮光板，调直座椅靠背，收起小桌板。”飞机即将下降，熟悉的播报声在乘客耳旁响起。

“调直座椅靠背，收起小桌板，这些我都能理解，可为什么要打开遮光板呢？”飞机即将抵达目的地拉萨，空姐正在机舱里进行安全检查，却被一位乘客叫住了。

这名乘客正是钟扬。空姐虽然有些意外，但也只是以最简单直接的方式回答了这个问题：“先生，我们培训时就是这样讲的。”

“我得查查，为什么要打开遮光板？”在钟扬心里，这个疑问并没有随着这一次飞行的结束而消散。

在此之后，虽然钟扬一如既往地在青藏高原的千沟万壑之间穿梭，但是“为什么要打开遮光板”这个问题却早已埋在了他的心里。此后，只要他碰到航空公司的人，就会去咨询这个问题，但还是无果。最后，他终于在乘坐一趟国际航班时得到了答案。

同样的航班，同样的飞机下降播报，得到答案的钟扬又遇到那个之前被他问住的空姐。

“你现在知道为什么了吗？”他叫住那个空姐，重复那个问题。

“还是不知道。”空姐虽然觉得很诧异，但还是坦诚作答。

“我给你讲讲啊。早先的飞机，质量没那么好，起飞和降落时都存在危险，尤其是降落的时候发动机容易着火，发动机在翅膀上，驾驶员看不见，打开遮光板，这样乘客可以看到窗户外的情况，发现问题能够及时告知驾驶员。这是早先民航的培训教材，几十年没改过。现在飞机已经很安全了，你们应该把这个教材改一改了。”钟扬把自己听来的知识一转手就变成了一堂科普课，讲给这个一脸诧异的空姐听。

“我说钟老师，你怎么这么锲而不舍啊？你看你都把这位美女空姐问得不好意思了，我都替你觉得尴尬。”一旁的同事看不下去了。

钟扬却一脸正经：“我不觉得尴尬啊，我是真的好奇，而且我就是想把这个好不容易得来的答案跟人家分享一下嘛。”

钟扬喜欢刨根问底的精神，从小就已经显现出来。

在钟扬上小学二年级的时候，他在书本上读到了有关电池的知识，回家以后，他就用家里的盐和醋去改造家里手电筒里装的电池，结果这些电池统统报废了。不过，当钟扬的母亲王彩燕看到这一堆废电池的时候，她不仅没有责怪钟扬，反而鼓励钟扬去探索生活中的科学道理。

从此以后，王彩燕为了满足钟扬对科学的好奇心，同时为了不让他在家里搞破坏，就带着钟扬去中学的化学实验室观摩，带着他去蓄电池用硫酸厂参加生产。

母亲的培养，让钟扬从小养成了勤于实践、善于思考、敢于质疑的品质，而这些品质，也是成为一名科学家必备的特质。

因此，二三十年后，当钟扬已经成为业界知名的大科学家时，他更希望唤起更多的人对科学的兴趣，引导他们走进科学的殿堂。

“他会追问，而且是追到底。这就是科学家和普通人的区别。”钟扬的同事杨亚军在给学生讲“生命科学导论”的课程时，会把这个故事讲给每一届学生听，他希望给学生一些思考，“不是每个人都去研发新药，成为科研大牛。如果能够投身工艺流程的改观和质量控制的提高，也是大有可为的。做一些看似普普通通但实实在在的事情。”

“现在，我们在复旦大学的实验室，就讲一讲科学实验吧！我今天就讲讲长颈鹿的实验故事……”

在钟扬的学生陈科元的回忆中，钟扬每次给小朋友做科普录的音频文件，只有10分钟左右，但他一录就是四五个小时，中间可能一遍一遍修改、重新录制。有的地方，可能他的普通话带点湖南方言，就因为错了一个字、一个发音，一个前鼻音和后鼻音的区别，他就说，要重新录一下。

学生赵宁同样记得钟扬为了参加演讲或者讲座，对着镜子练习的事情。为了准备一场演讲，钟扬会对着墙面或者镜子自己练习好多遍。有一天晚上，钟扬到了西藏已经很晚，他吃完饭回去休息的时候已经是凌晨三四点，可早上六点钟，就有同学发现他已经开始了演讲练习。

“讲得好是故事，讲不好那就是事故了！”钟扬跟学生开玩笑说。为了确保自己的课能够吸引听众，钟扬还会去研究相声和小品的表演技巧，让大家在轻松幽默中不知不觉走进科学的殿堂。

这就是钟扬对科普的爱，表面上看，他爱得近乎偏执，实际上却正映照出钟扬的一颗纯粹的科学之心。

04

再也无法兑现的诺言

2017年7月5日，浙江杭州，西溪湿地。

钟扬刚刚接受了“一席”的邀请，来到他们的录音棚准备录制科普节目。

“钟老师，您想讲什么？”

钟扬说：“如果你们注重热点效应，我可以讲转基因问题。如果是让我自己选，我想讲关于西藏的种子故事。”

一段关于青藏高原种子采集的故事，钟扬就这样娓娓道来：

“作为一个植物学家，我最喜欢的植物是蒲公英，如果发现它开花并且结了种子，我会用手抓一把，一摊开里面一般有200颗。我最讨厌的植物是什么呢？椰子。那么大一颗，8000颗的样本数量，我们需要两卡车把它们拉回来。

“光核桃呢，实际上是光核的桃，不是光的核桃。我们所有的桃子中间的那个核都是皱皱巴巴的，有皱纹，而它没有，是光的。这个桃子有什么用呢？没什么用。目前查来查去，大概它最大的用处就是在藏药里面有少许的用途吧。但是我们需要它，也许它就像猕猴桃一样，多少年以后它终于可以跟我们的水蜜桃杂交了。杂交完以后显然我们想它有什么优点呢，水蜜桃很好吃，那光核桃有什么优点呢？它抗虫、抗病、抗旱、抗寒。所有这样的优点，我们就可以通过非转基因的方式，经过杂交，再加上自然选择，来获得一种新型的桃子品种。

“所以我们知道潜在的意义是很大的，在潜在意义兑现之前，要紧的是先把它收集起来。一个桃子里面有多少种子呢？一个里面一颗。所以我先收集8000颗，8000个桃子，装了两大麻袋，把它们运回拉萨放在我的实验室里面。如何把里面的种子取出来成了一个关键。如果有自动化方式就非常好，但是没有，也没有合适的尺寸。所以我就摆在门口，铺了一个台子，所有路过的老师和学生，每个人必须尝一尝。

“尝多少呢？ 7颗。我们认为如果超过了10颗，很多同志一辈子都不想再见我了。这7颗拿了以后，他们都非常淳朴，特别是藏族朋友，一边吃一边呸呸吐，然后告诉我这个东西不能吃。他们说：老师，你采错了，它真的不能吃，而且很不好吃。确实，我也知道不好吃，因为它以前就是猴子吃的。可是我们必须这样把它们吃完，用牙刷好好地把边给刷干净，刷完了以后再用布把它擦干，擦干以后必须晾干，因为不能暴晒，暴晒以后种子质量就会坏。”

钟扬还曾经把科普的课堂搬到了青藏高原。

2017年暑假，正在上海市实验学校上初中的学生朱薪宇跟着钟扬参加了一次种子采集工作。

朱薪宇被恶劣的野外采集环境震住了。除了随时可能面临的高原反应、恶劣的气候，还有一条转弯之外就是万丈悬崖的公路，许多桥梁边上甚至都没有护栏……

朱薪宇是在钟扬的一次公益讲座中认识他的。当时，钟扬一句“每个人都会死去，但我想为未来留下希望”深深感染了朱薪宇。他随即找到钟扬，请他指导自己的科研小课题。

没想到钟扬马上答应了下来。朱薪宇走进了复旦大学生命科学学院的实验室，跟着钟扬做实验，然后又一脚踏上青藏高原，跟着钟扬亲身体验采集种子的过程。在钟扬的指导和鼓励下，朱薪宇在实验室里成功提取了纯度较高的拟南芥DNA。

在钟扬的指导下，朱薪宇的论文《西藏拟南芥适应能力分析》也获得了第32届上海市青少年科技创新大赛二等奖。

而今，朱薪宇已经申报第33届创新大赛，他申报的课题题目是《用杂交方式探讨西藏高海拔拟南芥的适应性》，课题还是和青藏高原的植物有关，但这一次，他却再也得不到钟扬的指导了。

同样遍寻钟扬而不得的，还有一位名叫陈思涵的高中生。

2016年7月14日，“青少年高校科学营”复旦大学分营在复旦大学开营，在科学营的首场大师讲堂中，钟扬向在场的中学生讲授了精彩的一课，他结合自己求学以及在西藏做科研的经历，讲述何为生物多样性及生物多样性之美。

“为什么熊不得糖尿病？”“鲨鱼的软骨真的能抗癌

吗？”“青蒿素是怎样被发现的？”“除蛇毒之外还有哪些生物毒素能入药？”钟扬在讲座一开始就提出了一系列既有趣又猎奇的问题，把下面听讲的陈思涵的兴趣一下子调动了起来。她感到钟扬好像筑起了一个强大的磁场，紧紧地吸引着她。

讲座完毕，到了公布导师的环节，陈思涵惊喜地发现，自己的偶像钟扬老师竟然成了自己的导师！

科学营活动的时间并不长，却让陈思涵对“大师”有了新的定义。

在陈思涵的脑海中，大师往往都是学识渊博、自持身份而不苟言笑的，但是钟扬这个大科学家穿着朴素、谈吐风趣却又平易近人。

在陈思涵的想象中，大科学家似乎无所不知、有问必答，但钟扬虚怀若谷，他曾说：“别以为科学家就什么都知道，科学家也有不知道的东西。你有问题尽管来问，我们一起探讨。”

可就在陈思涵想着什么时候能再听钟老师讲课的时候，钟

钟扬在给青少年做科普

老师却“离开”了。

陈思涵知道“离开”的含义，可她却仍然希望这只是一个谣言。她还想办一个微信公众号，专门破解谣言……

曾与钟扬合作863项目的科技部中国生物技术发展中心副

主任孙燕荣也是钟扬的粉丝之一。了解到钟扬对科普事业的热爱，孙燕荣就试着邀请他到自己孩子上学的北京史家小学给孩子们上一堂科普课。

那一堂科普课是为五年级的孩子讲的，钟扬起了一个题目：小实验、大科学。在钟扬的口中，一个个小故事以极具趣味的方式信手拈来，开启了孩子们热爱科学的幼小心灵，他用孩子们的语言，为孩子们搭建了一座科学的殿堂。

那次讲座之后，钟扬成了孩子们心中的“科学大王”，有个学生听说是孙燕荣邀请这位“科学大王”来讲课的，就拉住孙燕荣问：“阿姨，钟老师什么时候再过来给我们上课啊？”

孙燕荣一听，心里十分难受：“钟老师再也回不来了，他不能再给你们讲课了。”

谁知道，他哇地就哭了出来：“阿姨，我特别喜欢钟老师，我想学生物，可是以后我不学了，因为我只想做钟老师的学生……”

钟扬到底默默做了多少场科普讲座、参与了多少科普工作，没有人能够完全统计出来。他曾跟人讲过，自己做科普，为的是唤起大众对科学研究的重视，也为的是让更多的人能够在受到他的影响之后，加入科普的行列中来。因此，他多做一分，就能影响到更多的人。

钟扬有一颗为大众科学事业而跳动的心，但从不事事宣之于口。他醉心科学研究多少年，这颗科普的初心就默默跳动了多少年。

在与上海大学电影学院教授何小青的一次交谈中，钟扬偶然提起的一件事，让他印象深刻。

2017年夏天，钟扬又一次踏上了位于雅鲁藏布江大峡谷的墨脱县背崩乡。不过，这一次不是为了采集种子，而是为了科普——在背崩乡上钞希望小学，钟扬给这里的160多名门巴族学生上了一堂科普课。当他得知这所小学是曾任上海印钞厂副厂长的陈正老人创建的学校时，他还萌生了为这所学校拍纪录片的想法，一是为纪念已经去世的陈正老人，二是为了让人们关注西部地区的教育事业。

墨脱的条件很艰苦，不仅昼夜温差大，而且连食宿也不能保障。当钟扬的讲座结束，他看到学校教学条件较差，就和校长说，他想个人出资捐助10万元，多少提高一下学校的教学条件。校长听后婉言谢绝："希望钟教授多来这里。比起钱，这里的孩子更需要您给他们带来科学的火种。"

钟扬一听，当即向学校师生承诺，有时间一定还来。

没想到，一向信守诺言的钟老师，这次再也无法兑现他的承诺了。

钟伯伯讲科普故事

我相信科学能深入儿童的心灵，现在多一点兴趣，说不定以后就多出几个科学家。

——钟扬

1　天赋基因的弊端：音乐天才易患失眠

如果我们把基因研究清楚了，能不能把人类的天赋、天才、艺术和那些控制人类表达方面的基因都研究清楚，从而找到真正有天赋的人？

下面来揭开“天赋基因”的真相。科学家为了研究这样的基因，决定在周末亲自去调查一番，并让实验室的一个助理与他同行，然而助理以周末要教人弹钢琴为由拒绝了他。在得知他们家族有50多人都会弹钢琴后，这位科学家迅速意识到，他们家族可能有弹钢琴的天赋。于是，在不断追问下，助理告诉他自己的耳朵从小就能辨别绝对音高，而这是绝大多数人无法做到的。

这是否与基因有关？科学家随即调查了他们家族能够找得到的70多人，有50多人能保持辨别绝对音高的本事。在进行基因组分析后，这位科学家定位到一个基因并把它确定为人类第一批“天赋基因”。然而，在对这一家族进行了深入的研究后，科学家们非常遗憾地指出，所谓的天赋基因显然跟一系列的遗传病密切关联，这个家族大多数人常常生活在痛苦之中，其中最典型的就是患有严重的失眠症。有人很小就无法入睡，因为他能听出100米外汽车刹车有问题。

2 想要“长生不老”，就要“终身不育”？

在人类的各种基因研究中，最不“靠谱”的一种就是行为相关基因。行为怪异该不该由基因负责？比如“犯人说犯罪是因为有不良行为相关的基因，并不是自愿的”等等，若在基因说明一切的情况下，社会将会产生颇多问题。同样在研究方法上存在缺陷的还有长寿基因，钟扬表示目前世界上大量关于长寿的研究都不科学，他们基本都使用归纳法。“比如说某地的人喝了这种水，寿命都在85岁以上，所以推断这种水让人长寿。但如果不喝的话，是否会活到95岁呢？因此这样的研究方法并不科学。”钟扬笑言。

为便于科学家们反复研究，他们开始用动物线虫作为实验对象，因为线虫的生命周期极短，一般只能活5~7天。既然用归纳法无法研究如何让它们长寿，那就使用排除法（基因敲除），找出妨碍寿命的基因。实验结果表明，敲除某种基因后的线虫能活30天，寿命可增加5~7倍。

目前全世界公认有一些影响长寿的基因，奇妙的是，人类也有这些基因，只是还没有人做过实验。这一理论或许让不少人为之心动。那是否只要敲除其中一个基因，人们就会变得更长寿？但是还有一个坏消息：这个“长寿”基因主管生殖，要想长寿必须在一出生时候就去除掉，也就意味着你将终身无法生育。

但这又涉及一个哲学问题：延长生命的意义是什么？当你听到“你将是我们家族最长寿的人，但也是最后一个人”的时候会有何感受？而你的父母是否有权利替你做这样的决定？

3 吃芒果为什么会变“香肠嘴”？

你一定吃过芒果吧？吃芒果的时候，你是不是觉得嘴唇麻麻的、痒痒的？如果你住在北方，你可能只在超市或者水果店看见它。可是在广东、海南等温暖的地方，芒果是一种随处可见的水果，就连马路中间的行道树都有可能出现它的身影。芒果沙冰、芒果蛋糕是不是都是你的最爱呢？但是，可别因为嘴馋，就去采摘行道树上的芒果来吃哦。因为，往往为了防虫害，这些树上都洒了农药，而且还吸收了无数的汽车尾气。

在芒果美味诱惑背后，还暗藏着一种危险：吃了它，有可能变成“香肠嘴”。这究竟是怎么一回事呢？

首先，你先要了解一个词：过敏。有人花粉过敏，有人海鲜过敏。到底什么是过敏呢？原来，每当有外来的物质进入，我们的身体就会面临两种命运。第一种，人体以为它是有用的，或者是无害的。那么它会被我们的身体吸收，再自然地排出。另一种，就不那么幸运了。它会被人体认为是有害的物质，身体中的免疫系统就像是一支守卫身体的队伍，把外来的坏蛋消灭掉。但是，免疫系统不是每次都能判断正确，有些无害、有用的物质被拼命地攻击，而这种攻击会对身体造成伤害。科学家们把这种反常攻击分成几类，其中一类“来得快，消得快”的叫作“过敏”。所以变“香肠嘴”就是身体过敏的表现。有的人对芒果过敏变成香肠嘴还不是最严重的，有些人整个脸都会肿起来，拉肚子、肚子疼，甚至是呼吸困难，那就很危险了。

那么，不吃芒果就可以避免芒果过敏吗？科学家们不得不遗憾地告诉你，那可不一定。在植物学分类学上，芒果属于漆树科这个大家庭，你很可能也对它的亲戚们过敏。如果你在漆树的树干上割一刀，树干就会流出生漆。我国是世界上生漆产量最大的国家。博物馆里美丽的文物漆器就是由生漆涂抹而成的。

4 洋葱：你为什么总让我流泪？

洋葱，洋——葱！一听到“洋”这个字，大家一定会猜，洋葱不会是从国外来的吧？确实，人类种植洋葱已经有7000多年的历史了，最早种植在古埃及。洋葱长得非常有意思，从外面看圆滚滚的，甚是可爱。竖着拨开，一层套着一层；横着切开，一圈套着一圈。无论怎么看，洋葱都是一个完美的同心圆。

洋葱长相完美，味道不错，而且营养价值很高，被称为“蔬菜皇后”。但是要想亲近这位“皇后”还真是不容易。任何“大刀阔斧”挥向它的人，都会变得泪流满面。这是为什么呢？

原来，在洋葱的细胞里有两种特殊的物质，一种叫蒜氨酸，一种叫蒜氨酸酶。平时，他们俩隔着一层薄薄的细胞膜，互不相见，相安无事。蒜氨酸本身没有味道，但是当洋葱被切开，细胞膜被破坏，蒜氨酸遇见蒜氨酸酶立刻发生了化学反应，产生一种新的物质：蒜素。蒜素不仅臭臭的，还会随着空气跑到我们的眼睛里。眼睛受到了蒜素的刺激，赶紧向大脑发出求救。大脑收到求救信号后，立即向眼角的泪腺发出指令："快，快，开闸放水，把这个臭臭的东西冲走！"于是，眼泪就止不住地往外流了。

洋葱中为什么会有这么多蒜氨酸酶呢？原来，它是帮洋葱储存营养用的。为了能在北非沙漠的地下储存足够的水分和糖分，洋葱给埋在地下的茎裹上一层又一层的肥厚的叶片，这些叶片层层叠叠，被称为鳞片叶。而洋葱真正的茎则萎缩变短了，变成了一个圆盘的形状，位于洋葱头的底部。这样，大量的蒜氨酸酶就存在于鳞片叶中了。

再告诉大家一个小秘密，紫色洋葱的味道要比白色的和黄色的洋葱味道大得多。

5 在家可以种香蕉吗?

提到香蕉，大家肯定都不陌生。大多数的香蕉都弯着腰，身上长着不规则的棱。当妈妈把香蕉从店里买回家的时候，有些香蕉的柄和棱上都泛着绿色。这样的香蕉比较难剥皮，吃起来口感也不好，硬硬的、涩涩的。但是，把香蕉在家里放上几天，它就变得甜甜的、软软的。这么好吃的香蕉，我们可以自己在家里种吗?

香蕉是芭蕉科芭蕉属的一个成员，虽然很多人没有见过香蕉树，但是它的亲戚芭蕉很多人都见过。芭蕉的身材非常高大，叶子也很开阔，四处伸展，除了伸出地面的主杆，很少看见别的枝干。有趣的是，不只是芭蕉和香蕉，所有芭蕉科的植物都是草本植物。也可以说，香蕉和芭蕉都不是树，只能算是特别特别高大的草。

香蕉们喜欢热闹，它们喜欢好几颗长在一起，亲密地抱团生长。香蕉和人类一样，有的长得高，有的长得矮。高大的种类可以长到四五米，矮小的种类超不过两米。

但是，要想在家里像种花一样种出好吃的香蕉是不太可能的。这是为什么呢?首先，如果我们咬一口香蕉，运气好的话，看看横截面，会发现有些隐约的小黑点。这些，就是香蕉的种子了。但是如果你仔细观察，不要说种，就把这些小黑点从香蕉里分离出来都很困难。要是运气不好的话，你连小黑点都看不见呢！其次，我们现在买到的香蕉里的种子都没有完成发育，算不上是真正的种子。野生香蕉有两组染色体，但在人们驯化香蕉的过程中，香蕉变成了三倍体，含有三组染色体。在减数分裂过程中，染色体会紊乱，形成正常生殖细胞的概率很低，因此三倍体香蕉不能形成种子，不能进行有性生殖，也就无法繁育出后代。类似的人工驯化的水果还有无籽西瓜等。

6 椰子：大肚子里都是水

明媚的阳光，金色的沙滩，手捧一个椰子，咕嘟咕嘟地吸着清甜的椰子水，想想都觉得太美好！但是，你有没有想过，为什么椰子圆鼓鼓的肚子里会有那么多水呢？是像医生打针一样，用针筒打进去的吗？当然不是！那椰子水是什么时候被装进去的呢？

椰子可以长到2~3斤，和人的头差不多大，长在高高的椰树上。椰子身上会穿三层衣服，但是在长途运输时为了避免占用太多的空间，椰子们早已被剥得只剩下最里面的那层衣服了。椰子最外面的“褐色外套”又薄又光滑，质地紧密得像一件雨衣，防止水的进入。在“褐色外套”的里面是一件毛茸茸的“皮草大衣”，富有弹性，可以保护椰子从树上落下时不会破裂。而最里面是一件“塑身内衣”，这件内衣非常坚硬，就像骨头一样。我们常说的椰子壳，其实就是最里面的这件“内衣”。美味的椰肉和椰子水都藏在这件“内衣”里面。椰肉和椰子水是为了给胚提供养分。而胚是幼小娇嫩的生命体，未来会长成新的椰树。刚开始，胚只有米粒那么大。当椰子发芽的时候，胚就会吸收椰子水和椰肉中的养分，向外面长出根和芽了。

自然界中的椰子树一般生长在海边。椰子从高高的椰树上掉下来，滚进大海，穿着三层装备精良的外衣，加上一个大肚子，可以在海上安全地漂浮好几个月。旅程漫长，椰子水是胚最重要的补给。有人会问：大海里全是水，胚为什么不能喝海水呢？海水又苦又咸，脆弱的胚根本无法靠海水生存。漂啊，漂啊，椰子终于找到一片适宜的海岸。它在那里安家落户，成长为一棵高大的椰子树。

椰子水不仅能为自己的胚提供养分，还非常适合人类饮用。它富含营养，可以给人们补充水分和多种矿物质。而且，椰子水的渗透压和电解质的浓度都非常接近人类的血液。在医疗资源极度匮乏的时候，椰子水还曾代替生理盐水用来给病人输液呢！

7 秃顶了？那可能要怪你外公！

“当看见自己的父亲秃顶时，你担心自己会被遗传吗？”在帮助解决秃顶问题的生发产品广告中有这样一幕：一个男人在一个挂满家族照片的走廊里边走边抱怨自己脱发的苦恼。他走到父亲照片前，无奈地说了句：“谢谢你，老爸。”

但是，很多人可能错怪了自己的老爸！男人遗传的秃顶基因其实来自母亲的X染色体，但其母亲是从她的父亲处获得具有脱发相关基因的X染色体的。所以，如果真的要责怪别人的话，那就责怪他的外公吧！秃顶是一个隐性特征，而拥有一头浓密的头发是显性特征。这意味着，只要有一个非秃顶基因，就能拥有一头浓发。由于男人只有一条X染色体，只有一次获得非秃顶基因的机会，女性则有两条X染色体，而两条上都有秃顶基因的概率非常之小，这也是为什么男人比女人更容易秃顶的原因。

说到基因遗传，就不得不提一个人——孟德尔。修道士孟德尔在19世纪中叶将自己所有的业余精力都献给了园艺，小心翼翼且持之以恒地培育豌豆，并从这项工作中发现了遗传特征不是像以前猜测的那样混合在一起，而是被打乱在不同的单元，

即现在所说的基因遗传。他追踪了好几代豌豆，记录了它们的诸多特性，用“异花授粉”的方法发现了“显性”和“隐性”特征，给出了至今仍在谈论的遗传学规则。

不过，只有大约80%的秃顶是因为基因遗传造成的。激素分泌、不健康的饮食、物理性伤害都有可能导致秃顶。

8 爬呀，爬呀，爬山虎

你有没有见过碧绿色的墙壁呢？这个绿色不是墙漆的颜色，也不是瓷砖的颜色，而是植物调配的。这种植物就是爬山虎。

爬山虎是怎样建造绿色墙壁的呢？爬山虎是葡萄科成员，所以爬山虎和葡萄藤蔓有些相似，但果实不一样。爬山虎有几个小名，听起来很厉害。爬山虎又叫爬墙虎、捆石龙、飞天蜈

蚣等。这几个小名很好地说明了爬山虎的本领，它可以像壁虎或者蜘蛛侠一样在垂直的墙面上爬行，牢牢地贴在光滑的墙壁上而不掉下来。

爬山虎究竟是怎样爬墙的呢？这全靠它构造特殊的“脚”。它的脚是长在茎上的，茎上长叶子的地方，背面会伸出六七根细丝。这些细丝，又叫作卷须。在卷须的顶端，有圆而凹的吸盘，这就是爬山虎的“脚”。吸盘的边缘可以分泌黏液，当吸盘接触到墙壁的时候，黏液就会将吸盘密封起来。这时，吸盘外部的气压比吸盘内部的气压更大，所以吸盘就像被空气压在墙上一样，牢牢地固定住了。随着生长，爬山虎的身上会长出许多吸盘，老枝固定住后，新的嫩枝继续向上攀岩，使整个植物体“飞墙走壁”。1~2年的时间，爬山虎就能爬满整个墙壁，甚至还能延伸到屋顶。如果墙壁有裂缝，爬山虎的根有可能会钻到墙壁里去，它的根可是能长到2米长呢！长到墙缝里的根可能不断扩大，加大墙体的缝隙，使房屋受到严重的损害。

爬山虎可以爬满墙壁，吸收大部分太阳的热量，为屋子降温。除了降温，爬山虎还可以吸收噪音、粉尘，美化环境。爬山虎还是天然的空气净化器，可以过滤空气中的一些有害物质，保护我们的身体。

9 甘蔗的哪一头更甜呢?

有这么一个谜语：长得像竹不是竹，周身有节不太粗，不是紫来就是绿，常吃生来少吃熟。这是哪种植物呢？ 它会在水果店里出售，长长的身体一节一节的。人们不吃它的叶子，也不吃它的果子，更不吃它的根部，而是吃它整个身体。人们也可以把它榨成一杯清甜的汁。你一定猜到了吧！这种植物就是甘蔗。我们日常吃的白糖主要就是用它制造出来的。

甘蔗喜欢温暖湿润的环境，生活在热带、亚热带雨水较多的地方。在我国的南方，比如广东、广西、福建、云南等地都种植甘蔗。甘蔗的茎秆不是很粗，一般在10厘米左右。甘蔗表皮有紫色的，也有绿色的，覆盖着白色的蜡粉。这些蜡粉是甘蔗自身分泌出来的，可以保护甘蔗体内的水分在炎热的夏天不易蒸发。甘蔗的个子很高，成熟的甘蔗一般是3~5米那么高，所以种植甘蔗的田地都被称为“甘蔗林”。不过，虽然甘蔗个子很高，但是还是属于草本植物，茎秆质地疏松，有利于养分的输送。甘蔗的茎里有丰富的糖分，含糖量在12%~15%，还有多种人体需要的维生素和矿物质。

有一句谚语说：甘蔗没有两头甜。到底甘蔗哪一头比较甜呢？甘蔗的甜来自体内的糖分，甘蔗不断吸收土中的水分和矿物质，综合光合作用，制造出许多的养分用于生长发育。甘蔗制造出的养分绝大部分是糖分，一部分糖分被甘蔗自身消耗吸收，另一部分就储存在身体下半部靠近根部的位置。所以啊，靠近根的部分，就存储了较多的糖。另外，甘蔗上部的叶子因为光合作用，会不停地蒸发水分，所以甘蔗上部，特别是叶子附近储存了较多的水分，便于给叶子补给。水分多了，糖的浓度也就变低了。

现在，你知道甘蔗到底哪一头比较甜了吧！

10 长胡子的榕树爷爷

在你读过的童话里，肯定听过这样的描述：榕树爷爷，故事配图里的榕树都长着又粗又长的“胡须”。但是如果你真的见过热带雨林里的榕树，就会看见从榕树的树干和树冠上有数不清的“胡须”垂下来，一直深入到地下。榕树的这些“胡须”到底是什么呢？

巴金先生在《鸟的天堂》里曾经这样写道：“一棵大树有着数不清的枝丫。枝上又生根，有许多根一直垂到地上，进了泥土里。一部分的树枝垂到水面，从远处看就像一棵大树躺在水上。”没错，我们看见的榕树的“胡须”就是榕树发达

的气生根。

气生根顾名思义就是植物在空气中生长出来的根系。榕树为什么会长出如此特别的气生根呢？原来，在热带雨林潮湿炎热的气候里，榕树在充足的雨露阳光滋养下，发育得非常迅速。它们疯狂地伸展着枝丫，很快就长出了茂密的树荫。然而，相比可以快速生长的树枝和树叶，榕树主干生长的速度相对缓慢。树根从土壤中汲取的养分向上供应的速度，来不及供应快速生长的树干。这时，榕树的枝干上就会长出很多向外生长的气生根。这些气生根尽情地从热带雨林潮湿的空气中获取氧气和水分，并不断地向下生长，一直深入到泥土之中。气生根在吸收养分的同时，可以对生长出来的枝叶起到一定的加固和支撑作用。

所以，与其说这些气生根是榕树的“胡须”，不如说它们是榕树为了适应环境向外伸出的“脚”。正是因为有了这些气生根，榕树可以蔓延、扩展到非常大的面积，远远看上去就像是一片茂密的树林。刚刚《鸟的天堂》里所描述的，就是这种独木成林的景象。文中提到的榕树覆盖了占地20多亩的湖心小洲，是一棵500多岁的老榕树。正是这棵榕树，在过去的500多年里利用它发达的气生根——脚——走遍了整个小洲。